mon premier livre de mots en français

Angela Wilkes and Annie Heminway

DK

DORLING KINDERSLEY
LONDON • NEW YORK • STUTTGART

DK

A DORLING KINDERSLEY BOOK

Note Destinée aux Parents

Mon Premier Livre de Mots en Français est un livre illustré divertissant que vous pourrez partager avec votre enfant. En montrant la légende à votre enfant alors que vous décrivez chaque objet, vous l'aiderez à apprendre de nouveaux mots et à maîtriser les automatismes de lecture, dès un très jeune âge. Une telle abondance d'images à discuter et d'objets familiers à reconnaître et à comparer lui donnera l'occasion d'élargir ses connaissances. Les enfants peuvent également se servir de *Mon Premier Livre de Mots en Français* comme catalogue de mots à consulter lorsqu'ils écrivent des histoires ou des lettres. Conçu de sorte que l'apprentissage des langues soit amusant pour les très jeunes, *Mon Premier Livre de Mots en Français* leur dévoile un monde de découverte et leur donne un goût pour les livres qui ne s'estompera pas.

Annie Heminway

Art Editor Penny Britchfield
Editors Monica Byles, Sheila Hanly, Stella Love
Production Jayne Wood
Managing Editor Jane Yorke
Art Director Roger Priddy

Photography Dave King, Tim Ridley
Illustrations Pat Thorne
Language and reading consultants
Annie Heminway and Betty Root

First American Edition, 1993
4 6 8 10 9 7 5 3
Published in the United States
by Dorling Kindersley, Inc., 232 Madison Avenue
New York, New York 10016
Copyright © 1993
Dorling Kindersley Limited, London
Photography (dog, pig, piglets, ducks on pages 36-37;
pony on page 39; camel, penguin on page 41)
copyright © 1991 Philip Dowell.
Photography (toad on page 32; lion, crocodile on pages 40-41)
copyright © 1990 Jerry Young.

Distributed by Houghton Mifflin Company, Boston.
ISBN 1-56458-261-2
Library of Congress Catalog Card Number 92-56499
Typeset by Chambers Wallace, London
Color reproduction by J Film Process, Singapore
Printed in Italy by Graphicom

Sommaire

C'est moi!	4
Mes habits	6
À la maison	8
Les objets familiers	10
Dans la cuisine	12
À manger et à boire	14
Dans la salle de bains	16
Dans le jardin	18
Dans la cabane à outils	20
En ville	22
Au parc	24

Au supermarché	26
Les voitures	28
Tout ce qui bouge	30
À la campagne	32
Dans les bois	34
À la ferme	36
Les animaux familiers	38
Au zoo	40
Mes jouets	42
À l'école	44
À la mer	46
L'heure, le temps, et les saisons	48
Les sports	50
Quoi faire?	52
La récréation	54
Raconte-moi une histoire	55
Couleurs, formes, et nombres	56
Les positions	58
Quel est le contraire de?	60
Index	62

C'est moi!

Mon visage

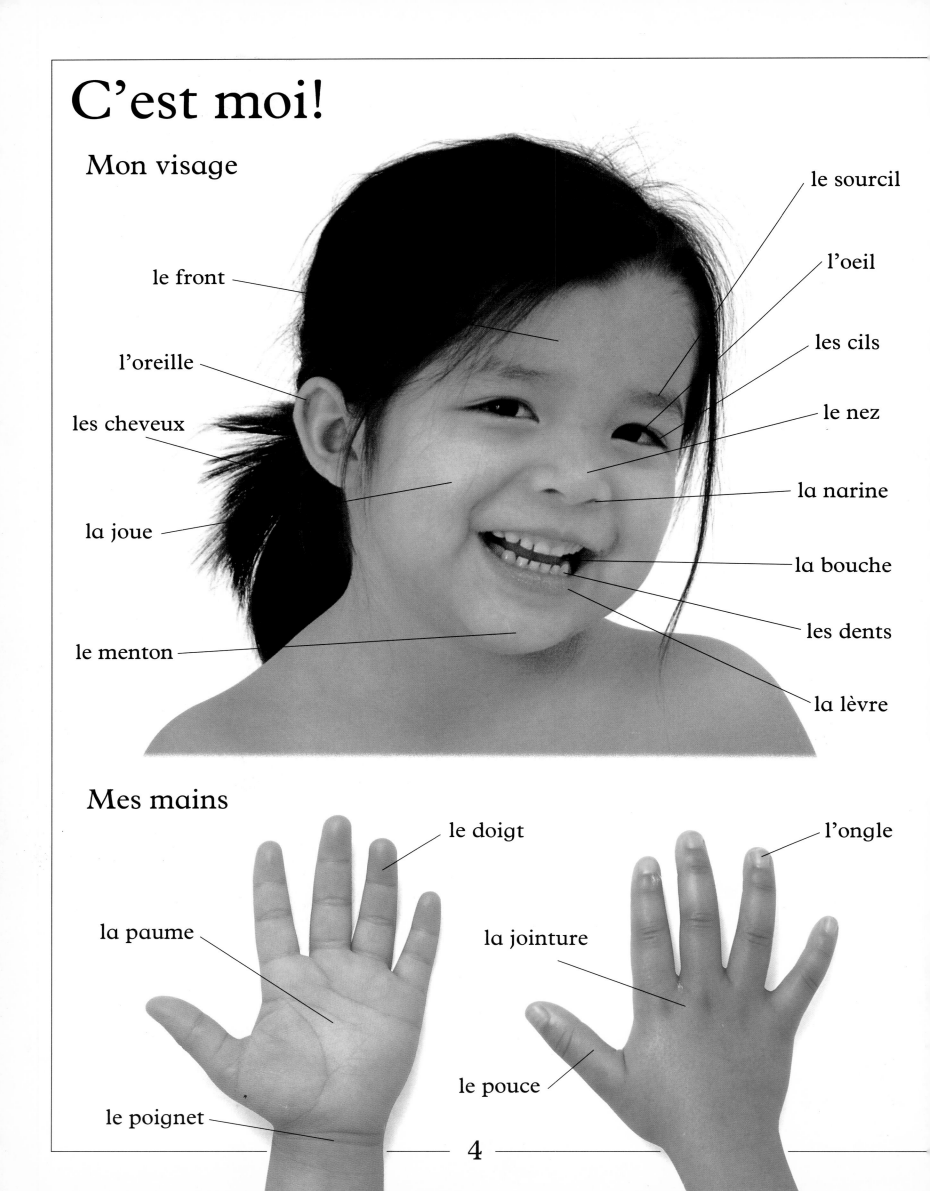

le sourcil

l'oeil

les cils

le nez

la narine

la bouche

les dents

la lèvre

le front

l'oreille

les cheveux

la joue

le menton

Mes mains

le doigt

l'ongle

la paume

la jointure

le pouce

le poignet

Mon corps

la tête

le visage

le cou

la poitrine

l'épaule

le dos

le ventre

le bras

la hanche

le coude

le nombril

les fesses

la main

le genou

le talon

la cheville

la jambe

le pied

l'orteil

Mes habits

les boutons

la veste

la boucle

la ceinture

le pantalon

le cardigan

les bretelles

le jean

le pyjama

le slip

la salopette

le chapeau de paille

le bonnet

le tee-shirt

le collier

la montre

le short

les chaussettes

les pantoufles

les chaussures

les tennis

les sandales

la culotte

le maillot de corps

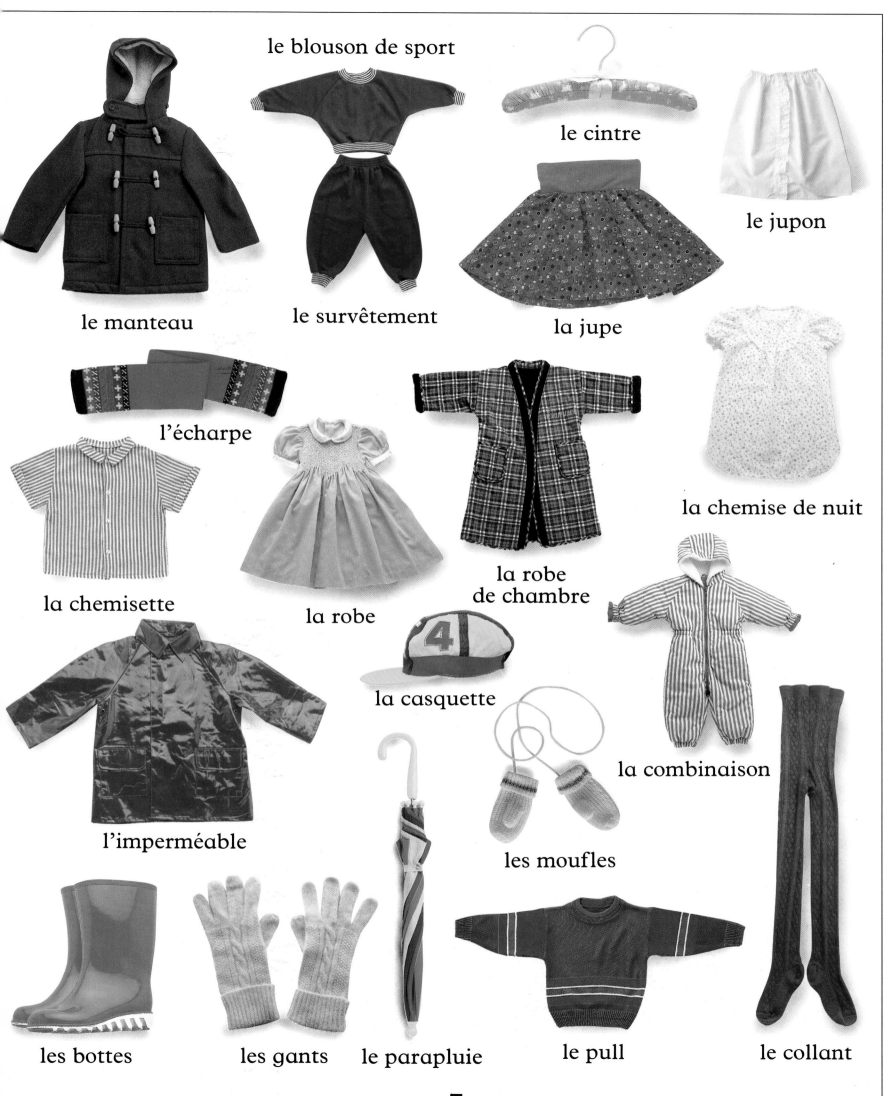

le blouson de sport

le cintre

le jupon

le manteau

le survêtement

la jupe

l'écharpe

la chemise de nuit

la chemisette

la robe

la robe de chambre

la casquette

la combinaison

l'imperméable

les moufles

les bottes

les gants

le parapluie

le pull

le collant

À la maison

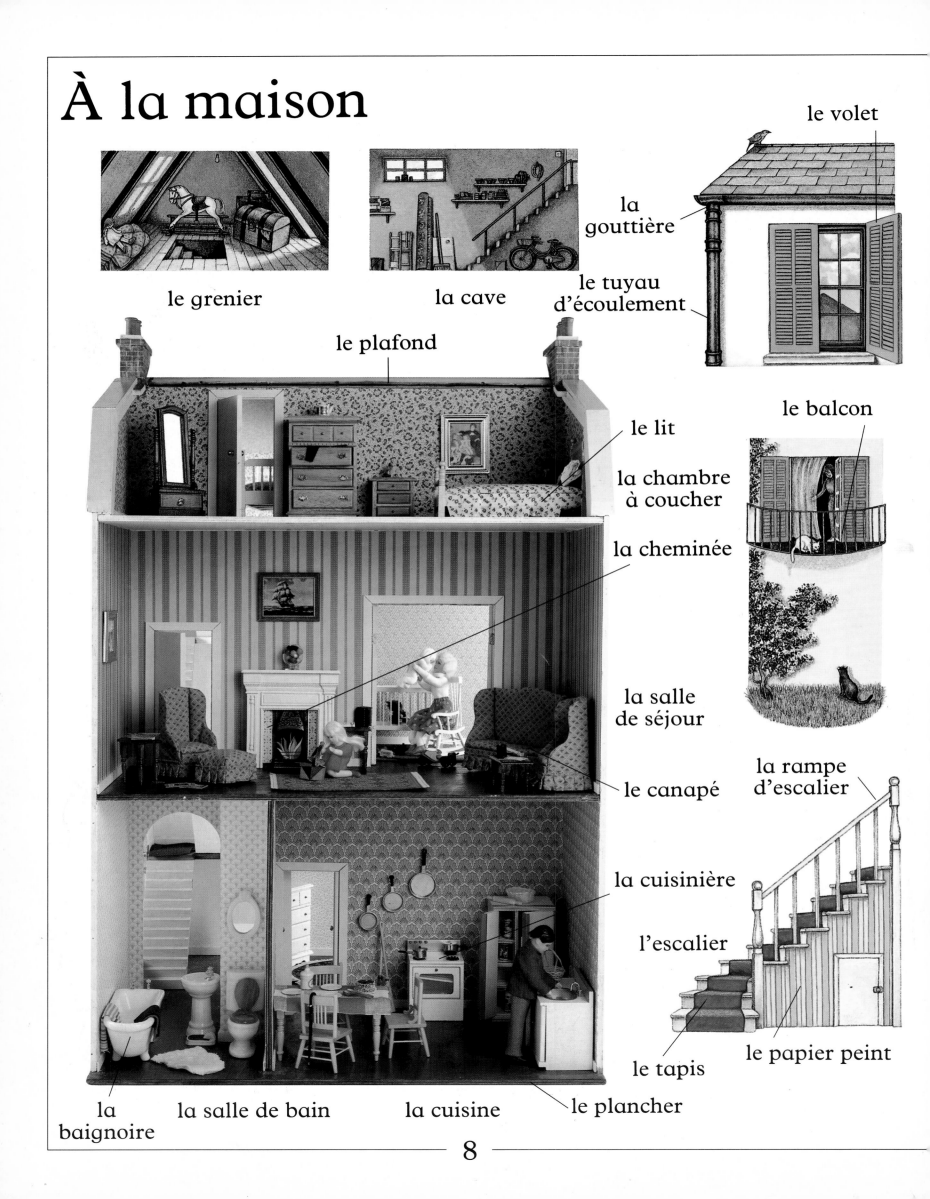

le grenier

la cave

le volet

la gouttière

le tuyau d'écoulement

le plafond

le lit

la chambre à coucher

le balcon

la cheminée

la salle de séjour

le canapé

la rampe d'escalier

la cuisinière

l'escalier

le tapis

le papier peint

la baignoire

la salle de bain

la cuisine

le plancher

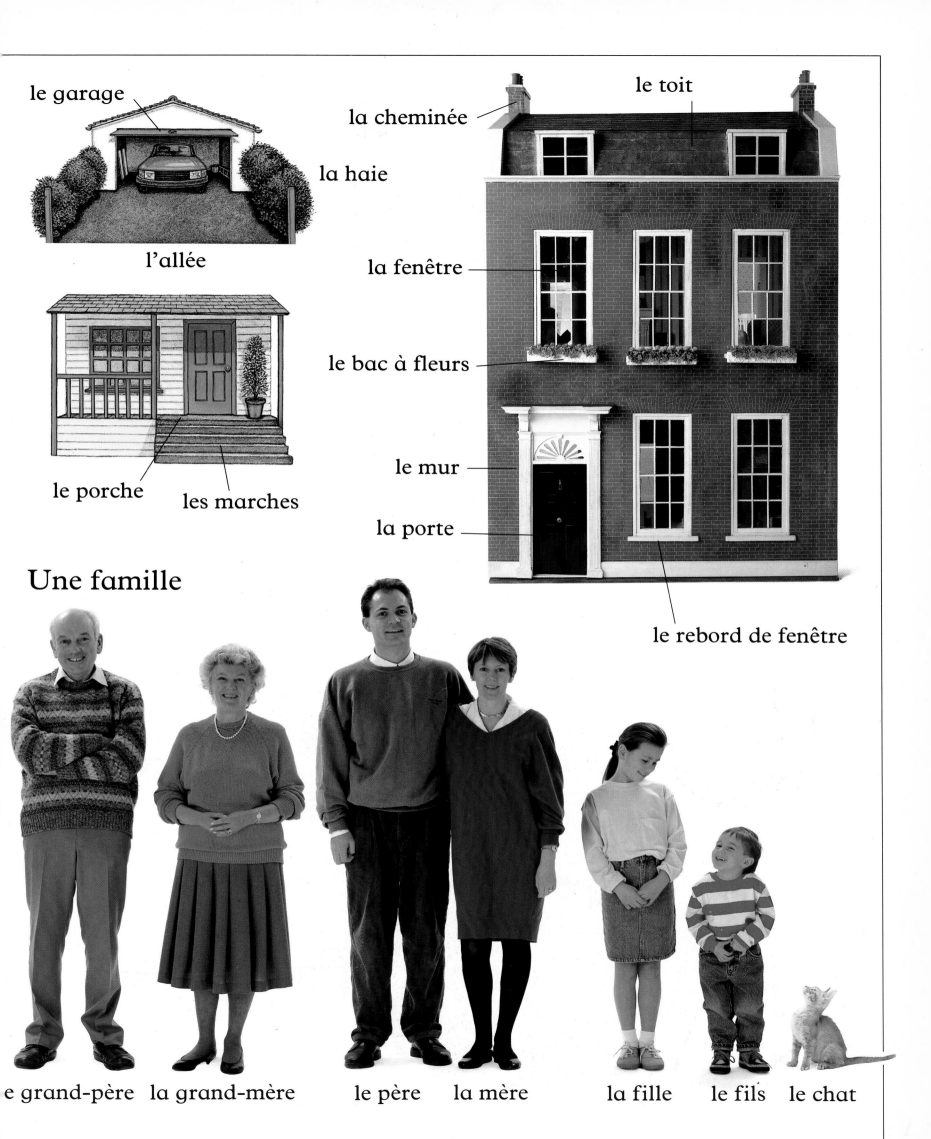

le garage

la cheminée

le toit

la haie

l'allée

la fenêtre

le bac à fleurs

le porche

les marches

le mur

la porte

le rebord de fenêtre

Une famille

le grand-père   la grand-mère   le père   la mère   la fille   le fils   le chat

Les objets familiers

le séchoir
à cheveux

le canapé

le téléphone

les rideaux

le livre

la radio

le radiateur

le tableau

le tourne-disque

le tabouret

la bibliothèque

l'aspirateur

le paillasson

la machine à coudre

le fauteuil

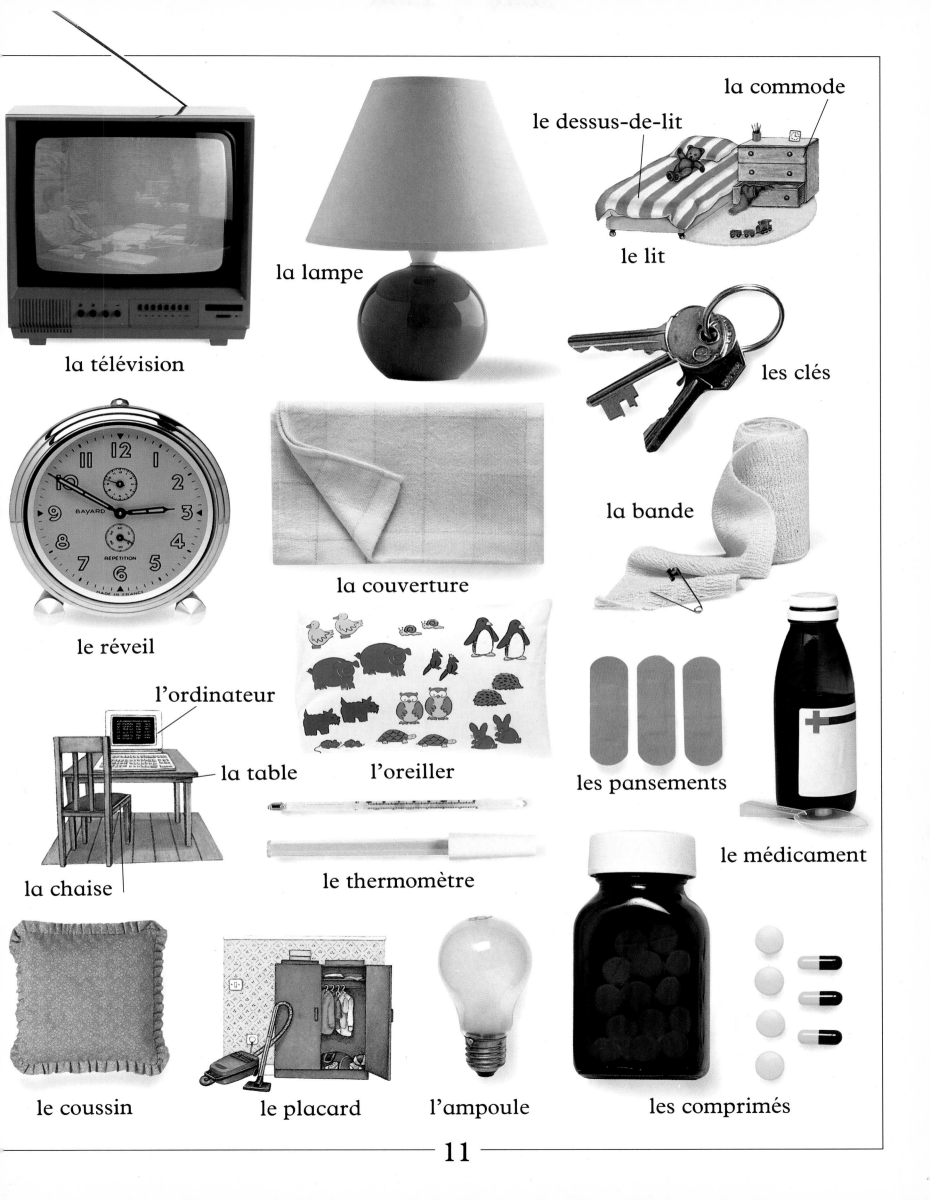

la télévision

la lampe

le dessus-de-lit

la commode

le lit

les clés

le réveil

la couverture

la bande

l'ordinateur

la table

l'oreiller

les pansements

le médicament

la chaise

le thermomètre

le coussin

le placard

l'ampoule

les comprimés

Dans la cuisine

le rouleau à pâtisserie

la poêle

le coquetier

la balayette

les gants de caoutchouc

la pelle

le mixeur

la balance

le pichet

le réfrigérateur

l'assiette

le four

la cuisinière

le set de table

la serviette de table

le gant de cuisine

le couteau

la fourchette

la cuillère

le tablier

le balai

la passoire

la bouilloire

la machine à laver

le verre

le bol de céréales

la grande tasse

la passoire

la tasse

la soucoupe

les allumettes

l'évier

la théière

le moule à gâteau

la casserole

la poubelle

l'égouttoir

le placard

les moules à biscuit

la planche à repasser

le grand bol

la chaise haute

le fer à repasser

À manger et à boire

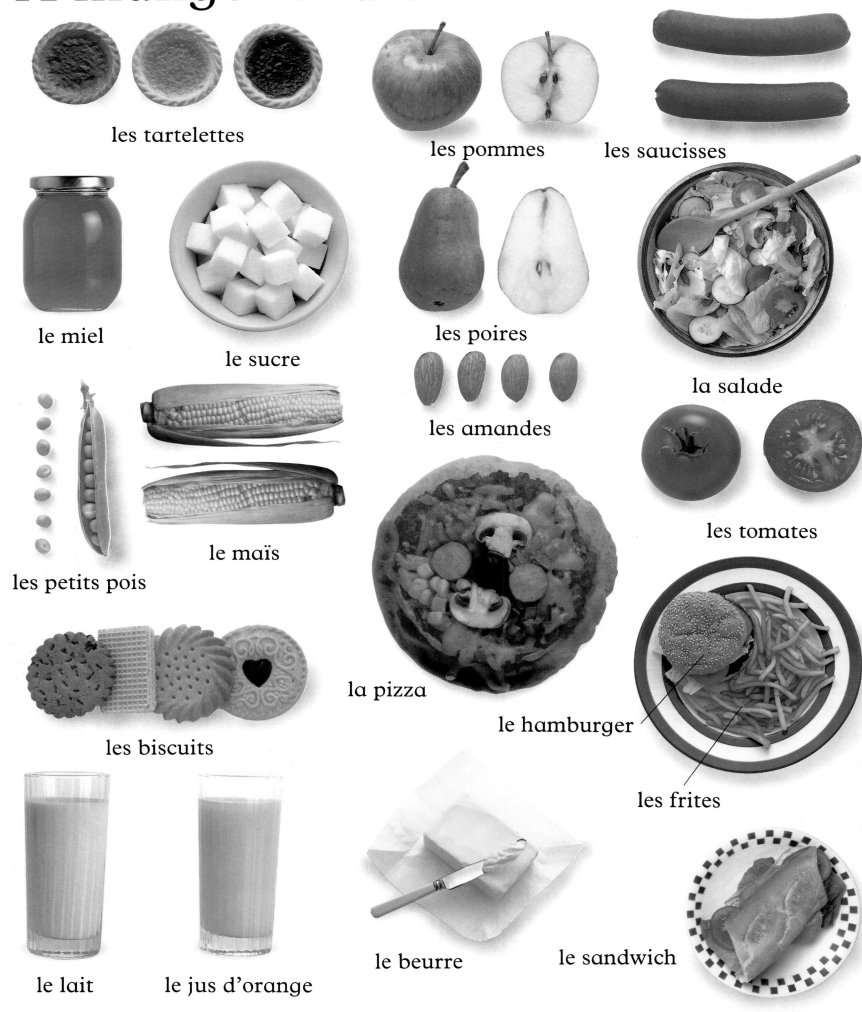

les tartelettes

les pommes

les saucisses

le miel

le sucre

les poires

la salade

les amandes

les petits pois

le maïs

les tomates

la pizza

le hamburger

les frites

les biscuits

le lait

le jus d'orange

le beurre

le sandwich

14

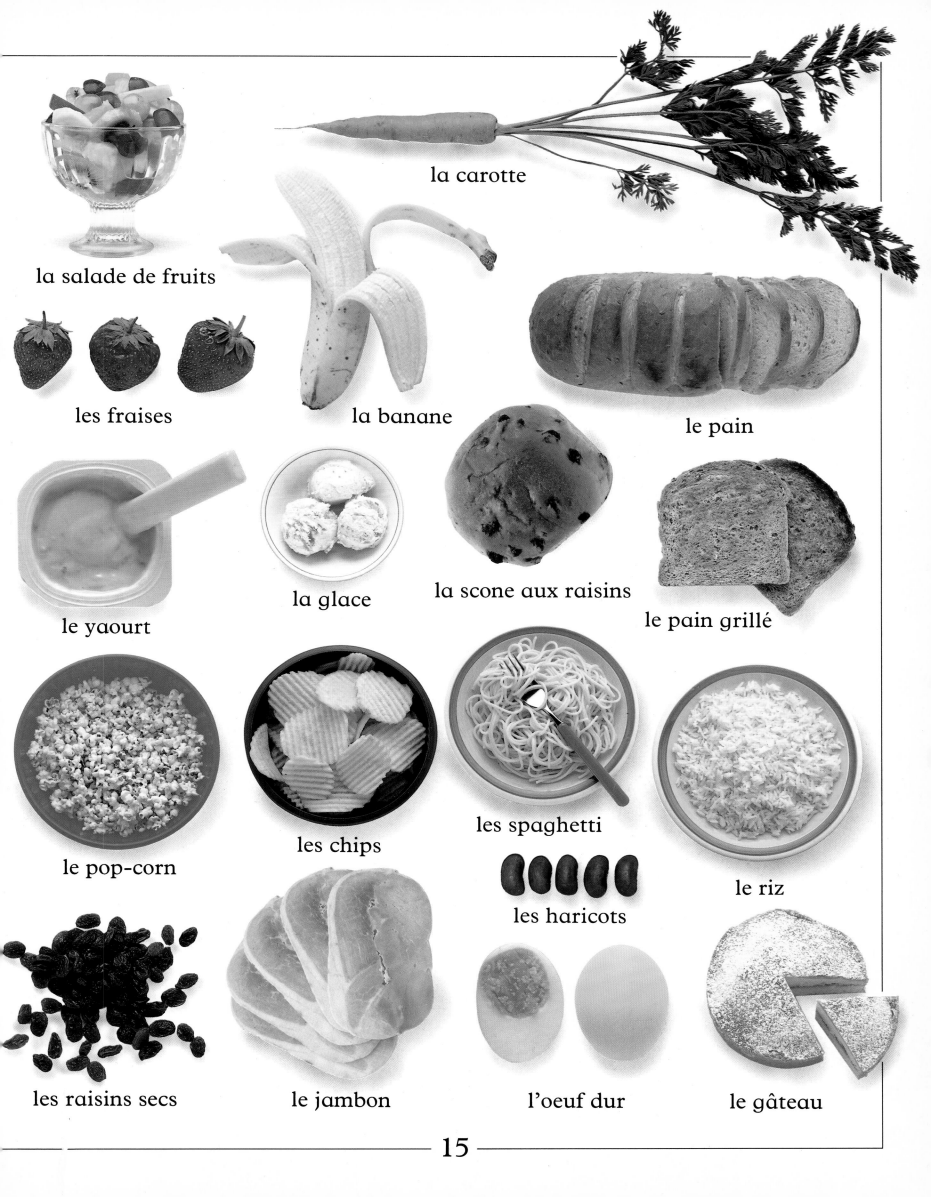

la carotte

la salade de fruits

les fraises

la banane

le pain

le yaourt

la glace

la scone aux raisins

le pain grillé

le pop-corn

les chips

les spaghetti

le riz

les haricots

les raisins secs

le jambon

l'oeuf dur

le gâteau

Dans la salle de bains

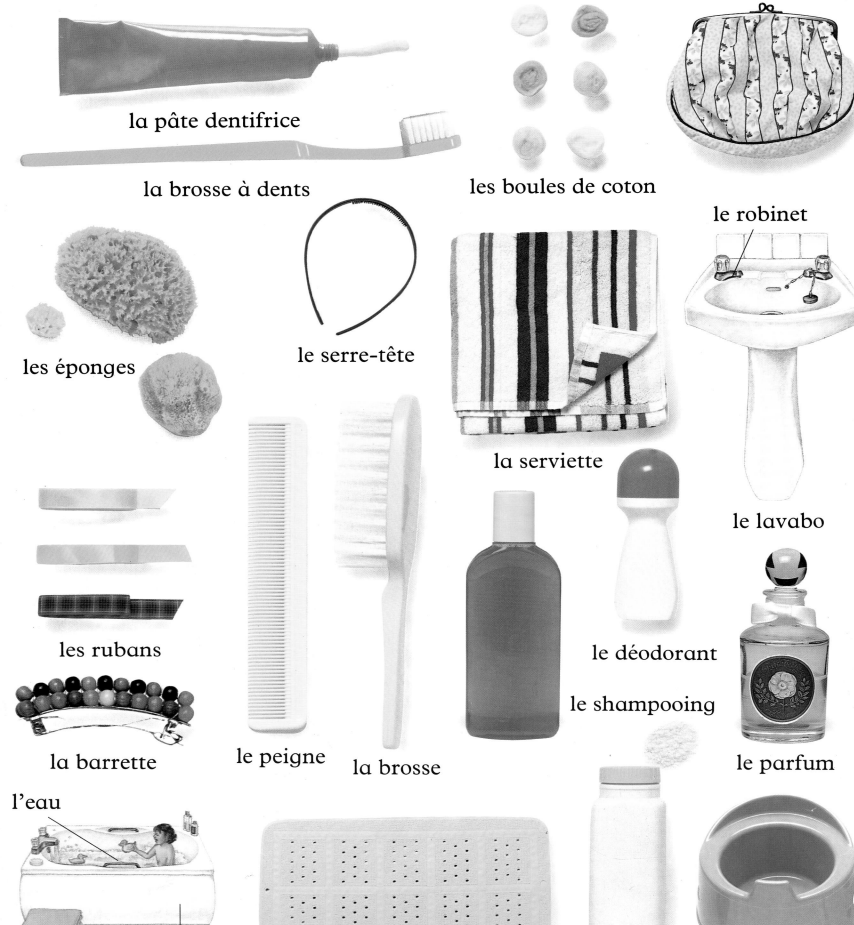

la trousse de maquillage

la pâte dentifrice

la brosse à dents

les boules de coton

le robinet

les éponges

le serre-tête

la serviette

le lavabo

les rubans

le déodorant

le shampooing

la barrette

le peigne

la brosse

le parfum

l'eau

la baignoire

le tapis de bain

le talc

le pot

16

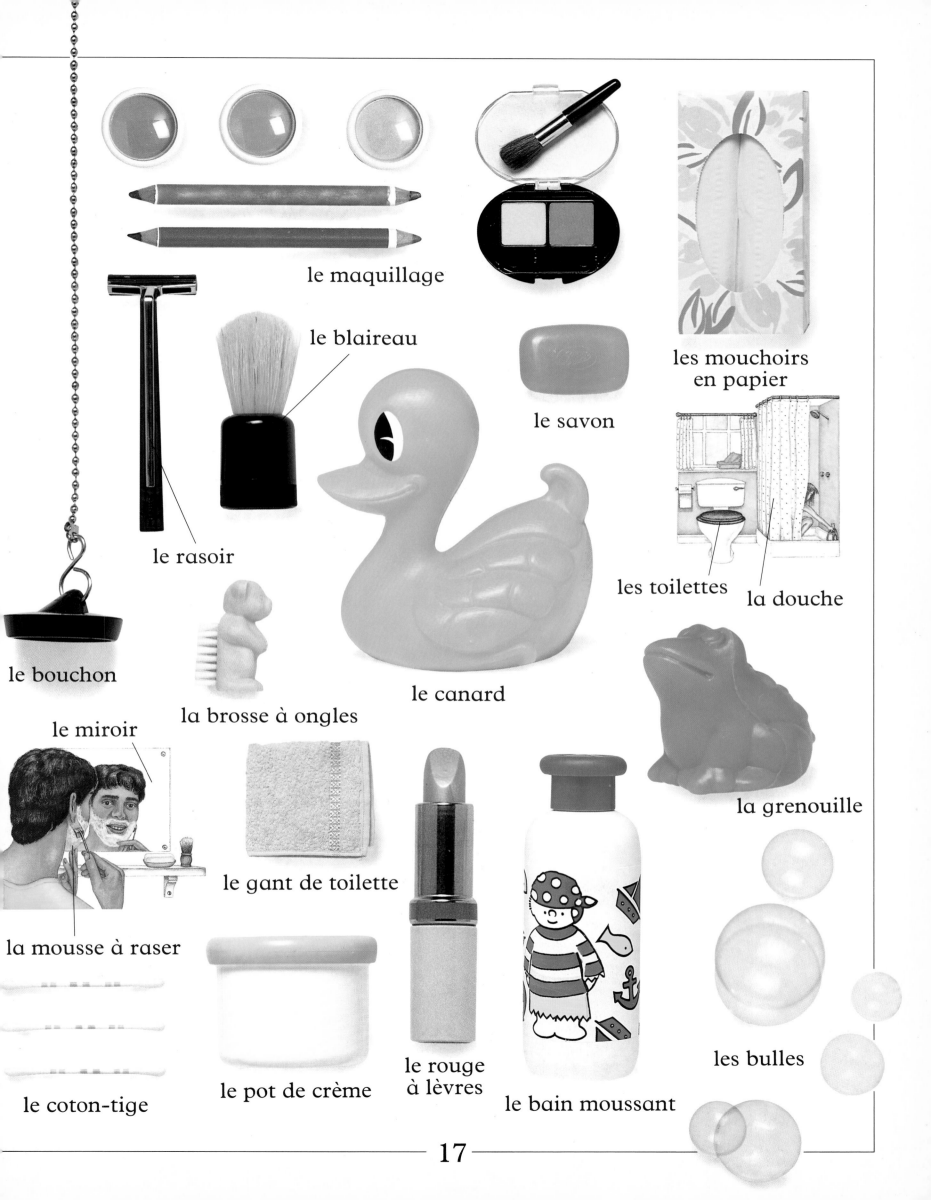

le maquillage

les mouchoirs
en papier

le blaireau

le savon

le rasoir

les toilettes

la douche

le bouchon

le canard

la brosse à ongles

le miroir

la grenouille

le gant de toilette

la mousse à raser

le rouge
à lèvres

les bulles

le coton-tige

le pot de crème

le bain moussant

Dans le jardin

la fleur

le pétale

la tige

la pelous[e]

les outils de jardin

les tuteurs

le sécateur

la tondeuse

les pots à fleurs

la rose

la terre

la ficelle

la guêpe

les bulbes

la coccinelle

les pensées

le tournesol

les semis

le germoir

les jonquilles

le papillon

l'abeille

l'arrosoir

les graines

la bêche

le râteau

la plante
en pot

les tulipes

les vers
de terre

les
mauvaises
herbes

les fourmis

le gazon

la brouette

la serre

la plante

l'escargot

le tuyau d'arrosage

19

Dans la cabane à outils

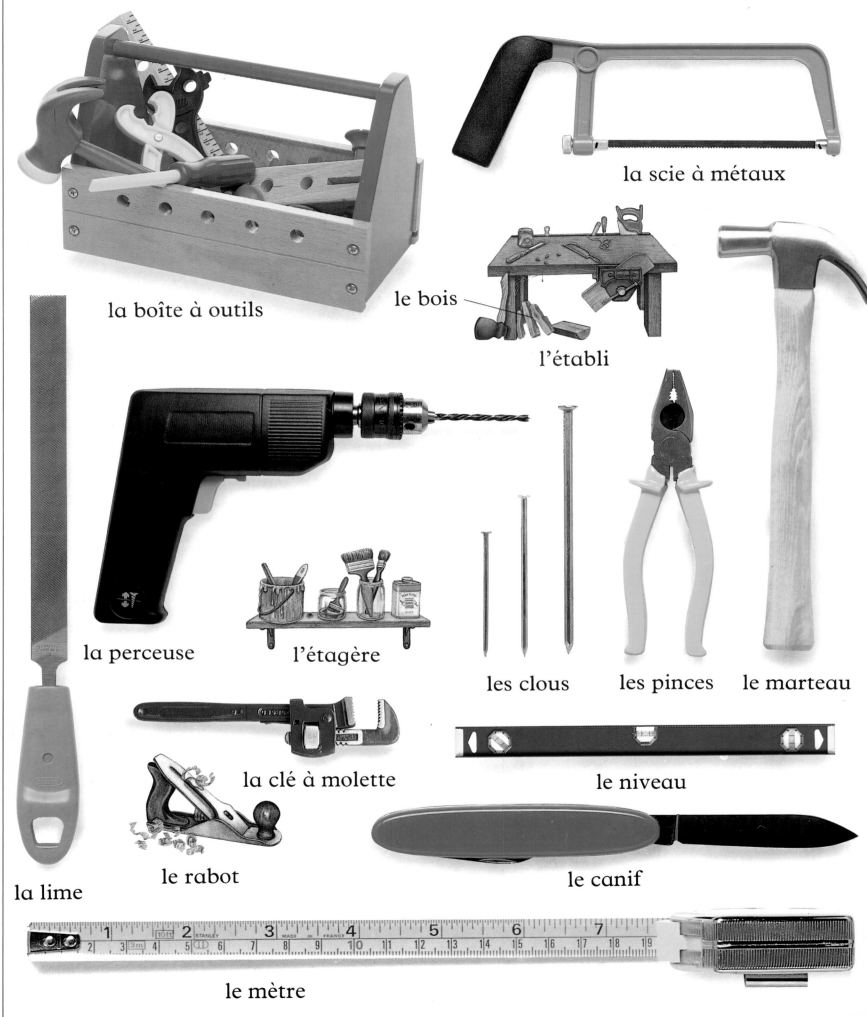

la boîte à outils

la scie à métaux

le bois

l'établi

la perceuse

l'étagère

les clous

les pinces

le marteau

la lime

la clé à molette

le niveau

le rabot

le canif

le mètre

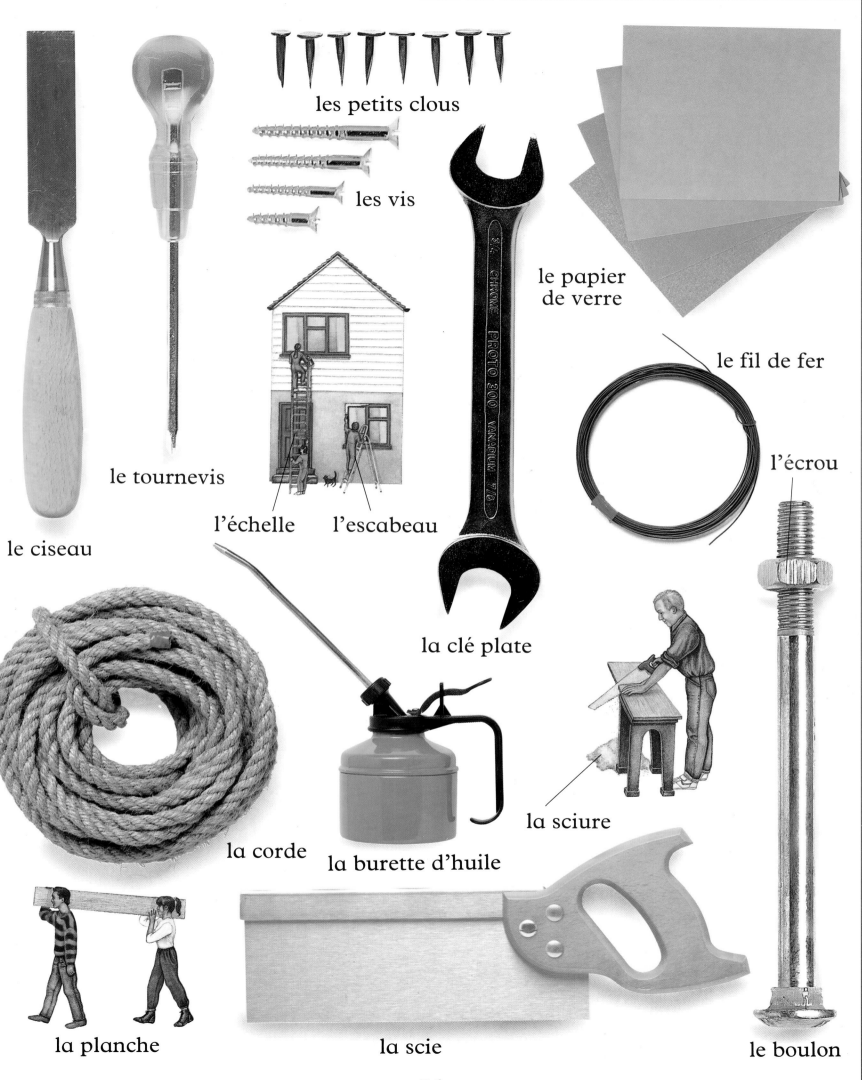

les petits clous

les vis

le papier
de verre

le fil de fer

le tournevis

l'écrou

l'échelle   l'escabeau

le ciseau

la clé plate

la sciure

la corde   la burette d'huile

la planche   la scie   le boulon

21

En ville

la station-service

la pompe à essence

la piscine

la bibliothèque

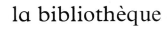

le théâtre

le cinéma

le restaurant

la cabine téléphonique

l'immeuble

le marchand des quatre saisons

le marché

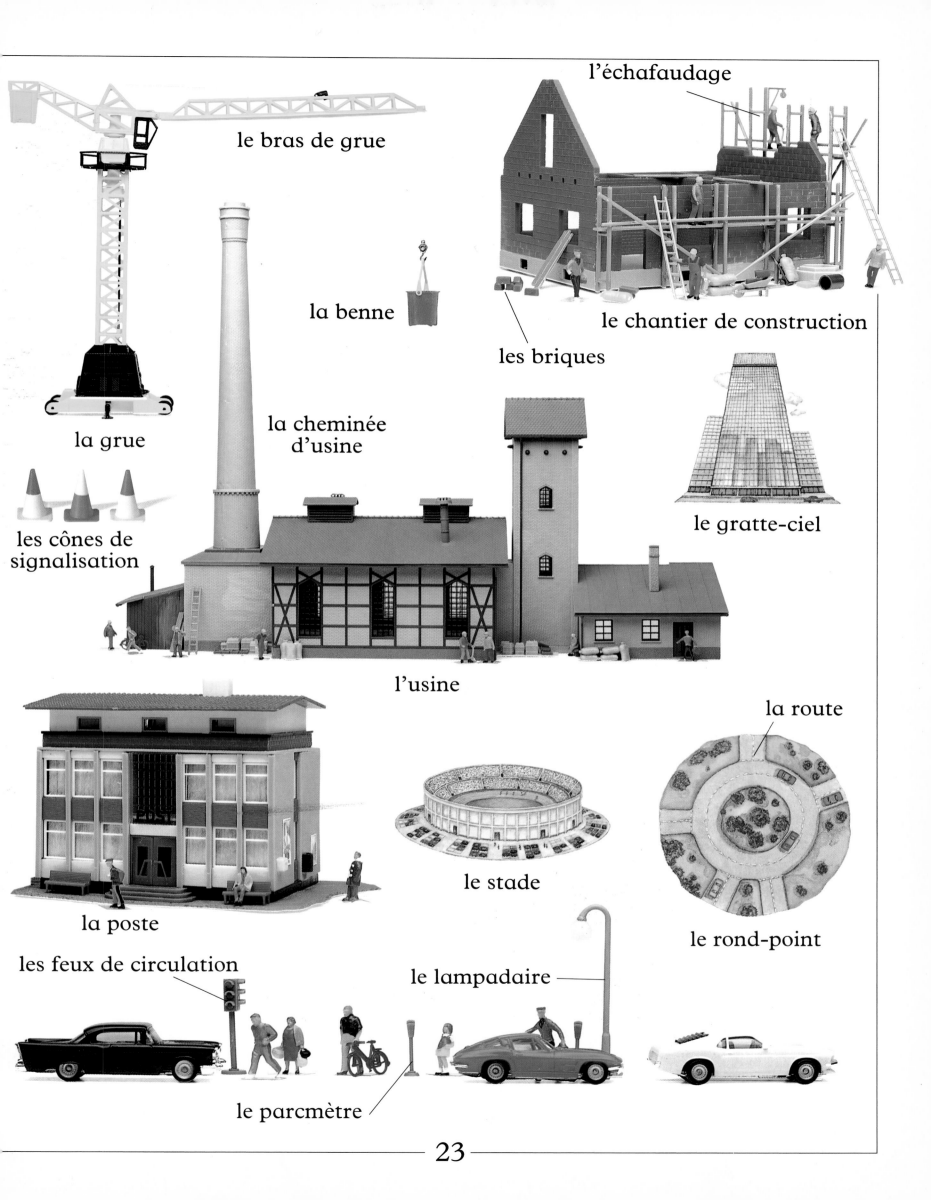

le bras de grue

l'échafaudage

la benne

le chantier de construction

les briques

la grue

la cheminée d'usine

le gratte-ciel

les cônes de signalisation

l'usine

la route

la poste

le stade

le rond-point

les feux de circulation

le lampadaire

le parcmètre

23

Au parc

le panier à pique-nique

la statue

le banc

la fontaine

les fleurs

le pique-nique

la poussette

les enfants

le tricycle

le cerf-volant

le bac à sable

les patins à roulettes

le tourniquet

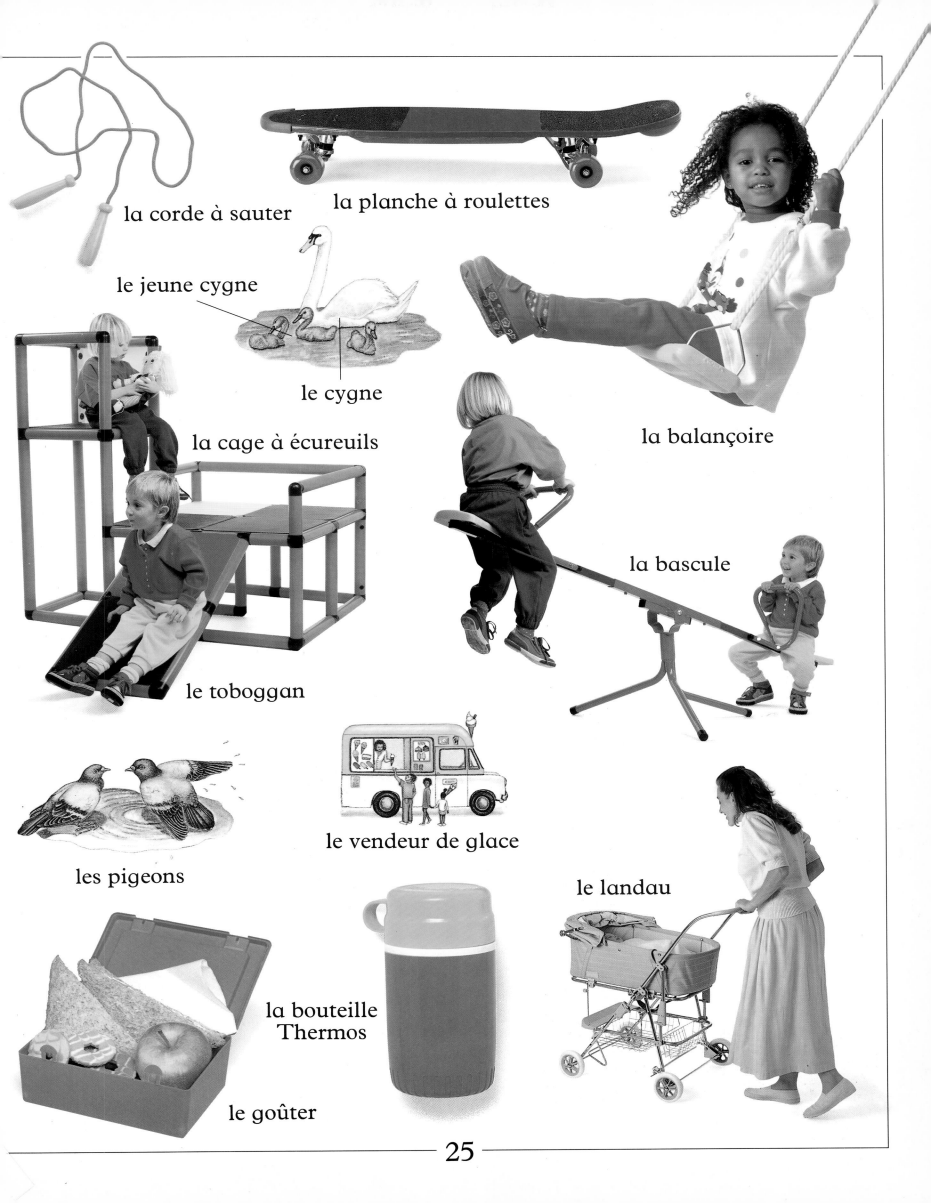

la corde à sauter

la planche à roulettes

le jeune cygne

le cygne

la cage à écureuils

la balançoire

le toboggan

la bascule

les pigeons

le vendeur de glace

le landau

la bouteille Thermos

le goûter

Au supermarché

le panier à provisions

les céréales

l'huile

les bonbons

le détergen

le pot de confiture

la farine

le café

la viande   le poisson

le papier de hygiénique

Les fruits

les raisins

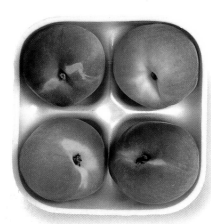
les pêches

les cerises

l'ananas

le citron   l'orange

les framboises

les cassis

la tablette
de chocolat

les boîtes
de conserve

la caisse
enregistreuse

le chariot

la lessive

la caissière

les fromages

les bouteilles

les chèques

le porte-monnaie

le carton

le sac en papier

l'argent

Les légumes

les haricots verts

l'oignon

le poivron vert

les courgettes

le céléri

les pommes de terre

le chou

le concombre

la laitue

Les voitures

la berline

le capot

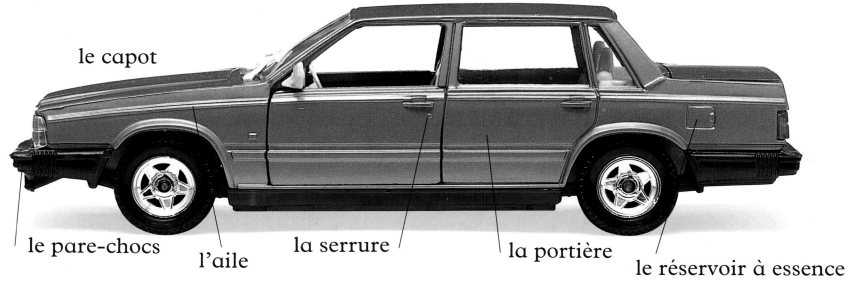

le pare-chocs

l'aile

la serrure

la portière

le réservoir à essence

le tableau de bord

le compteur

le clignotant

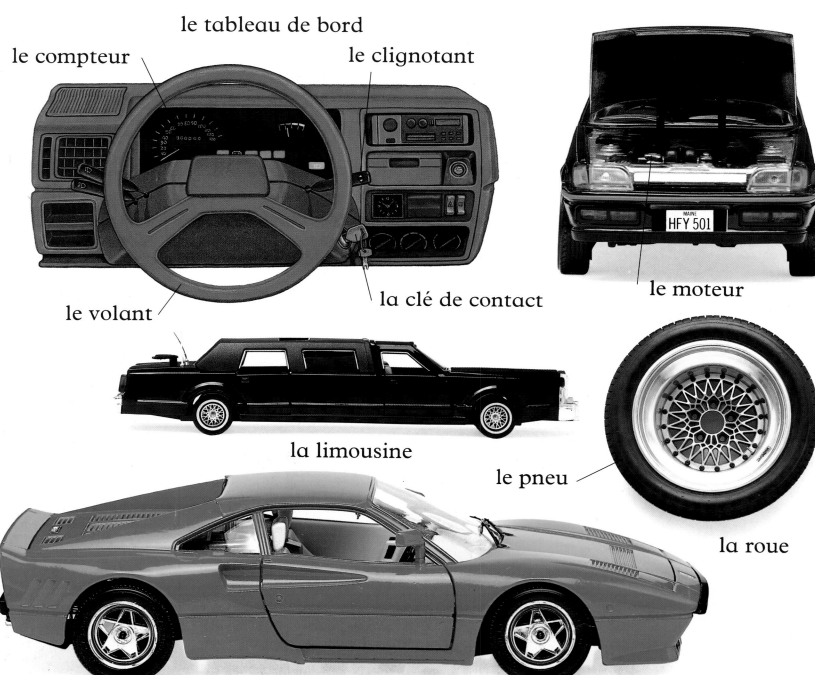

la clé de contact

le moteur

le volant

la limousine

le pneu

la roue

la voiture de sport

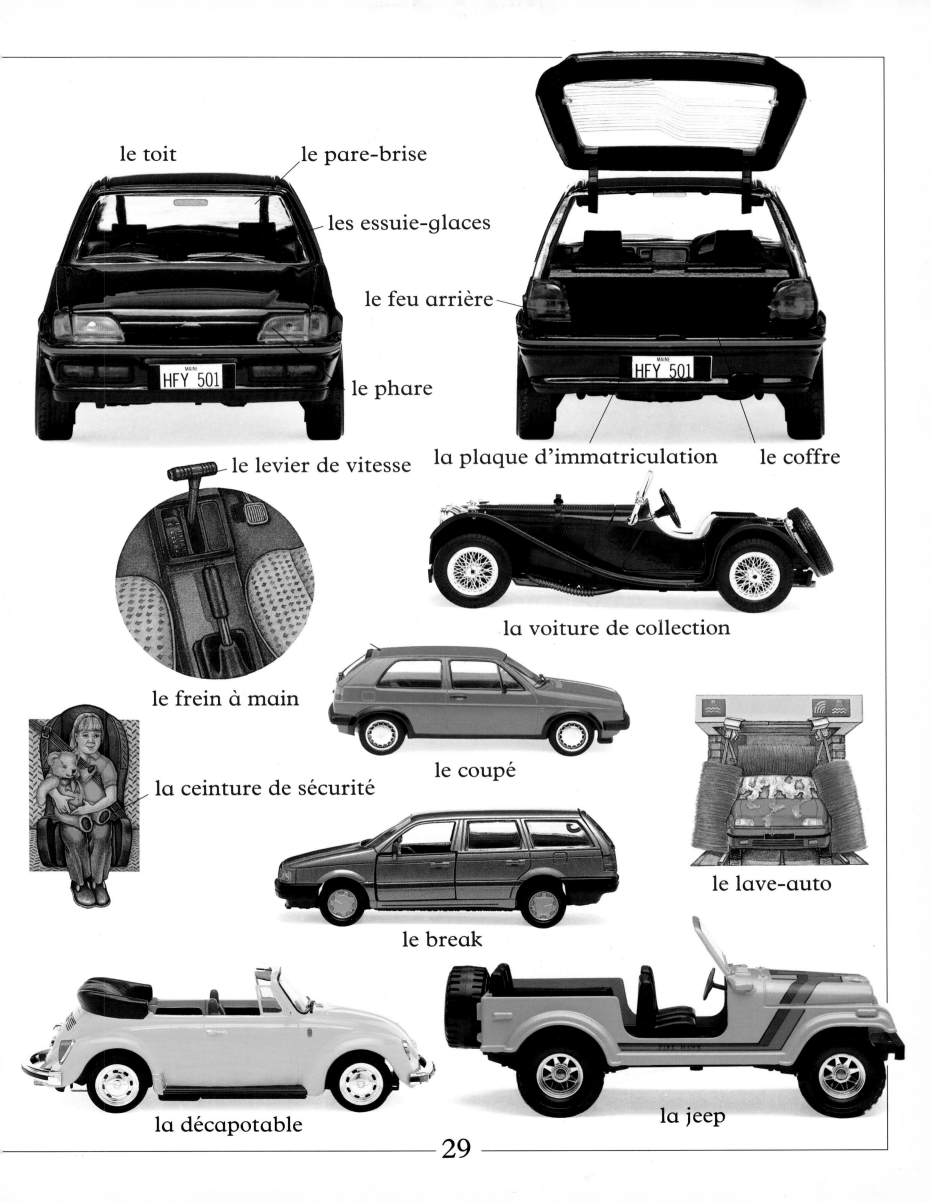

le toit

le pare-brise

les essuie-glaces

le feu arrière

le phare

la plaque d'immatriculation

le coffre

le levier de vitesse

le frein à main

la voiture de collection

la ceinture de sécurité

le coupé

le lave-auto

le break

la décapotable

la jeep

29

Tout ce qui bouge

la bicyclette

la pelleteuse

le vélomoteur

l'automobile

le bac

le camion

le taxi

le bateau

le dirigeable

le bulldozer

les parachutes

la motocyclette

le sous-marin

les wagons

la voie ferrée

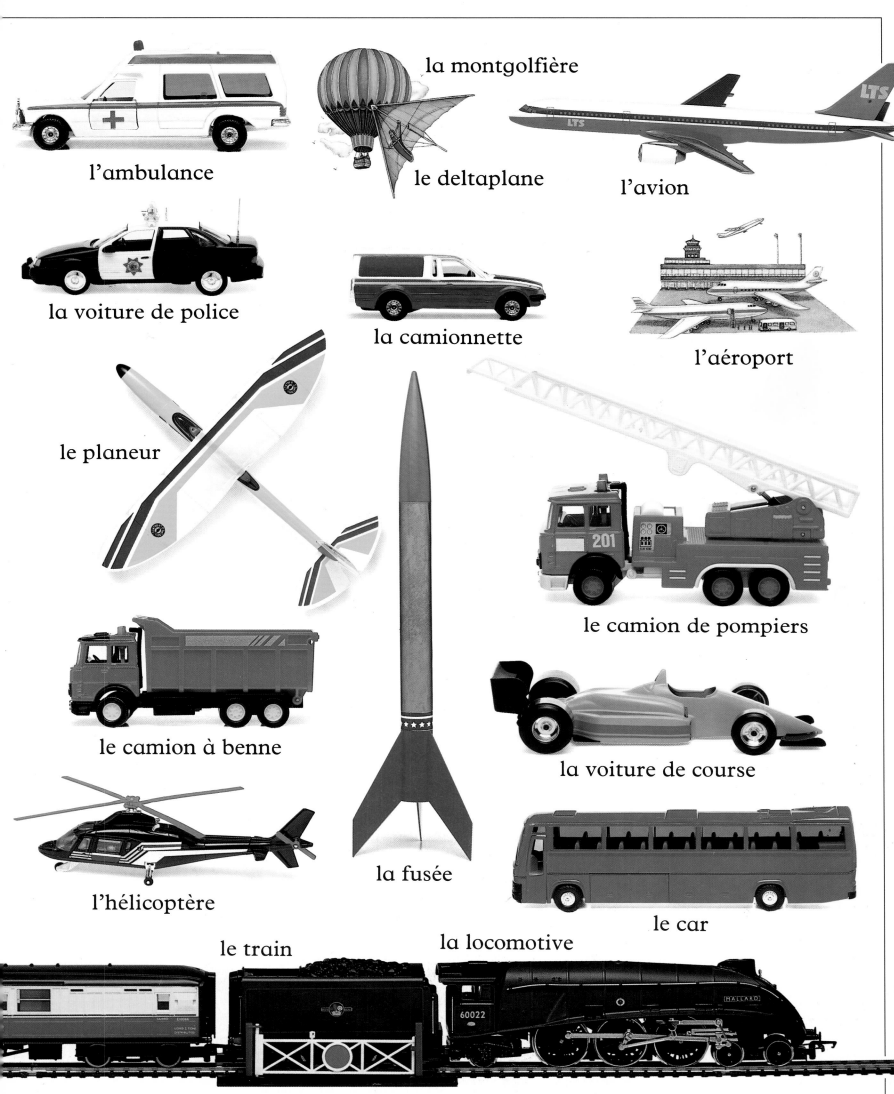

l'ambulance

la montgolfière

le deltaplane

l'avion

la voiture de police

la camionnette

l'aéroport

le planeur

le camion de pompiers

le camion à benne

la voiture de course

l'hélicoptère

la fusée

le car

le train

la locomotive

À la campagne

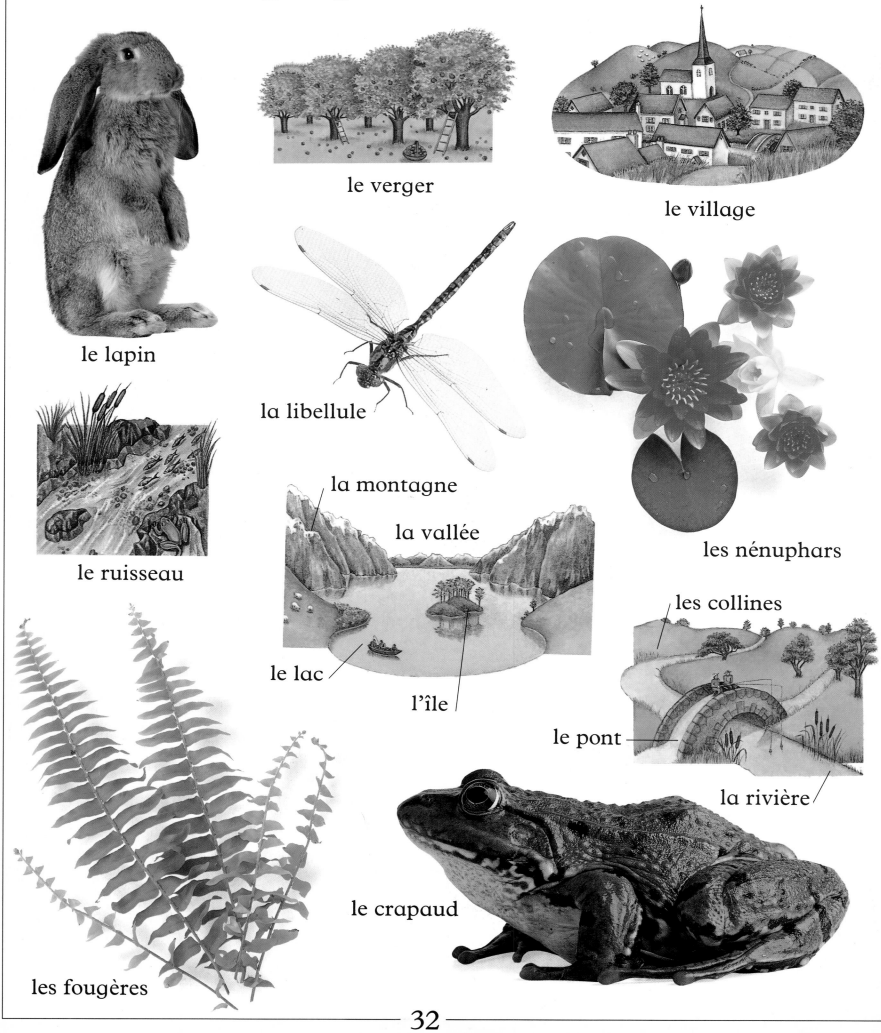

le verger

le village

le lapin

la libellule

les nénuphars

le ruisseau

la montagne

la vallée

le lac

l'île

les collines

le pont

la rivière

le crapaud

les fougères

les champignons

la route

les mûres

la caravane

le renard

la tente

le camping

Les fleurs sauvages

la cascade

le pissenlit

les boutons d'or

les marguerites

Dans les bois

l'arbre

les glands

les prunes

les pommes de pin

la plante en fleur

les baies

les aiguilles de pin

la branche

l'écureuil

les oeufs d'oiseau

l'oiseau

le nid d'oiseau

le tronc

les oisillons

le hibou

34

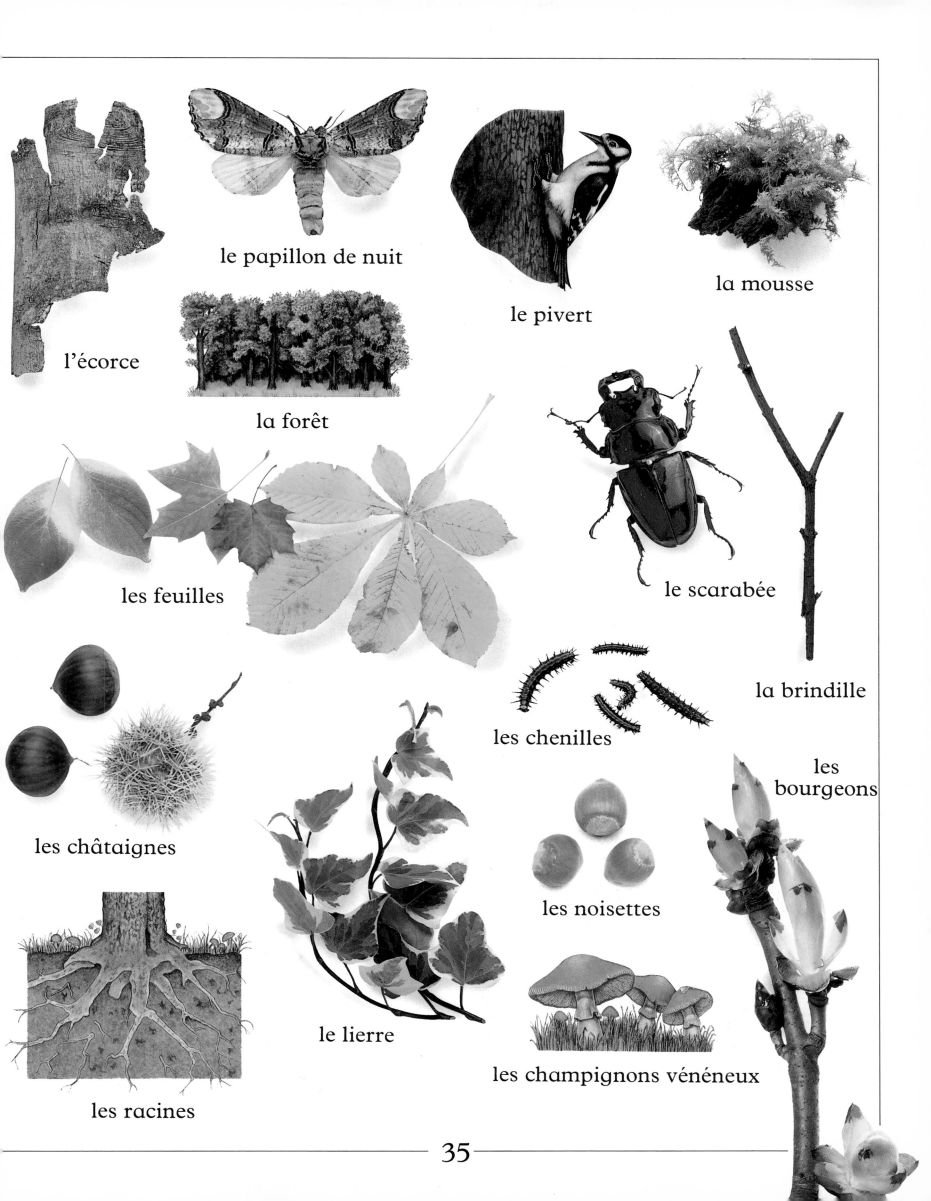

l'écorce

le papillon de nuit

le pivert

la mousse

la forêt

les feuilles

le scarabée

la brindille

les chenilles

les bourgeons

les châtaignes

le lierre

les noisettes

les racines

le lierre

les champignons vénéneux

À la ferme

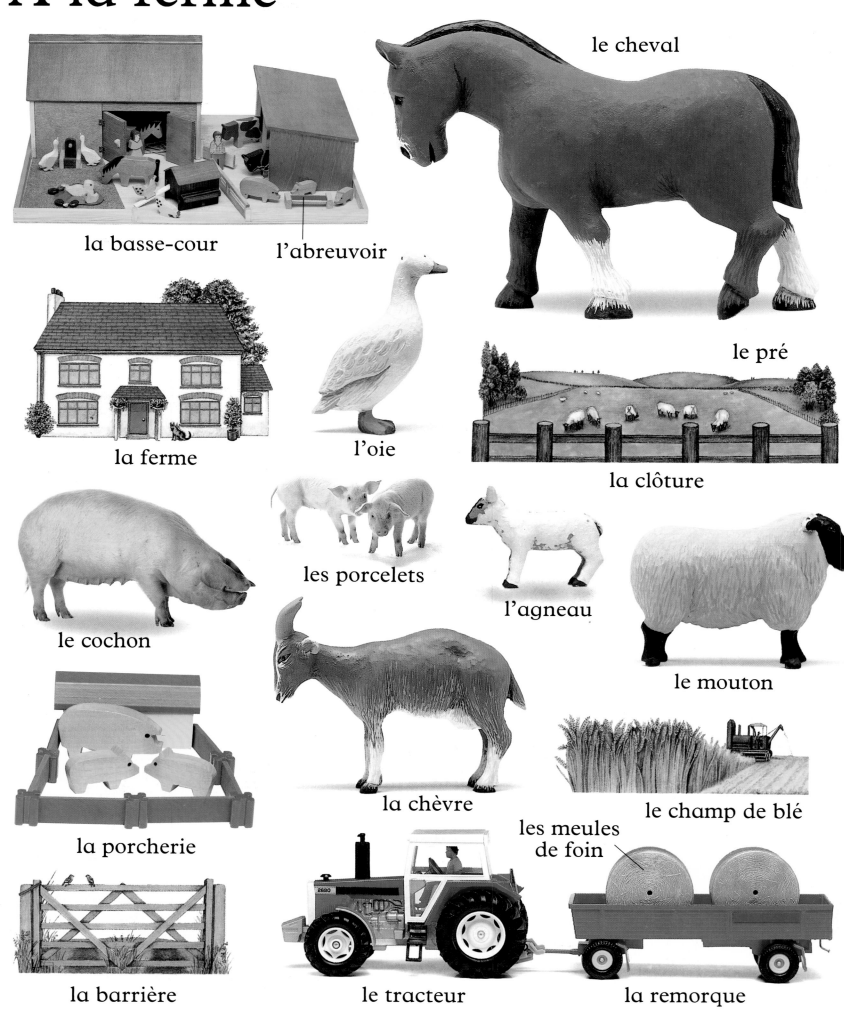

le cheval

la basse-cour

l'abreuvoir

la ferme

l'oie

le pré

la clôture

le cochon

les porcelets

l'agneau

le mouton

la porcherie

la chèvre

le champ de blé

les meules de foin

la barrière

le tracteur

la remorque

le taureau

le veau

la vache

le poulailler

le poussin

la poule

l'écurie

la mare

le coq

le chien

les canetons

la cane

la grange

la moissonneuse-batteuse

la charrue

Les animaux familiers

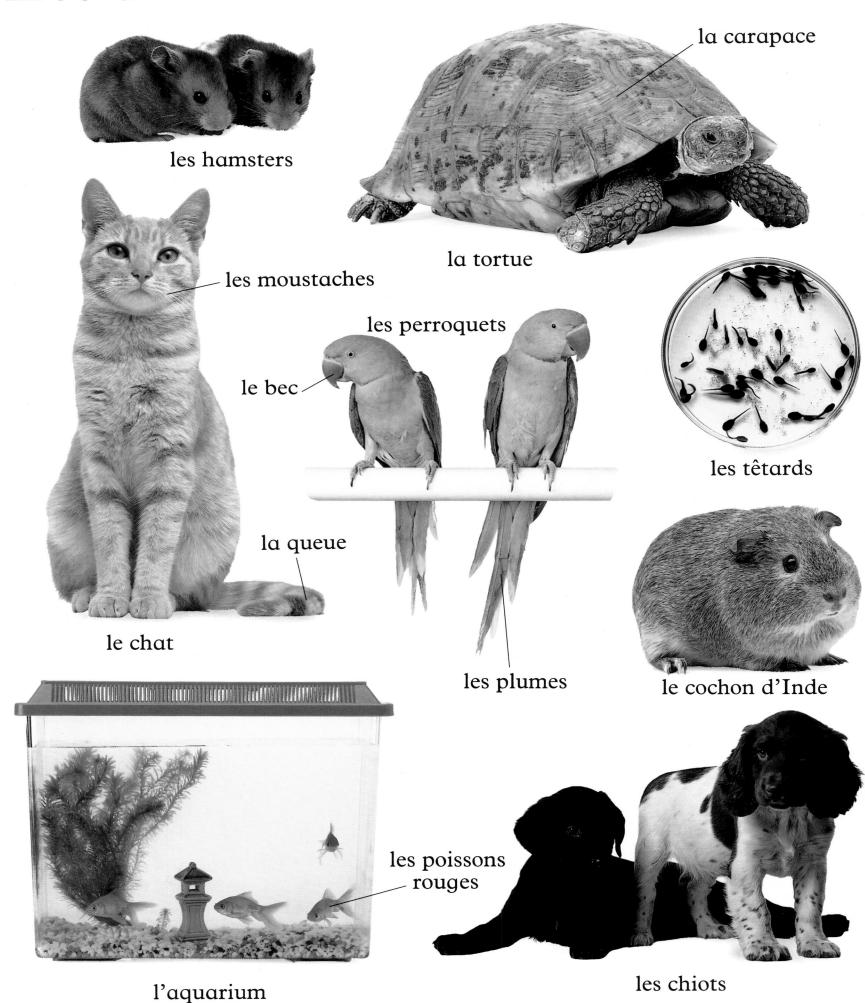

les hamsters

la carapace

la tortue

les moustaches

le chat

la queue

les perroquets

le bec

les plumes

les têtards

le cochon d'Inde

l'aquarium

les poissons rouges

les chiots

le collier

la laisse

l'os

le poil

la souris

le perchoir

le chien

la patte

les chatons

le canari

la cage

la corbeille

la crinière

l'aile

les griffes

le sabot

le poney

la perruche

39

Au zoo

le crocodile

les écailles

le pélican

le léopard

le paon

le kangourou

les cornes

la nageoire

le dauphin

l'hippopotame

la gazelle

le requin

le tigre

le chimpanzé

l'autruche

la girafe

l'ours

le lézard

le rhinocéros

le pingouin

le dromadaire

le panda

l'ours polaire

le bison

le koala

la défense

la trompe

l'éléphant

le lion

le serpent

le zèbre

le tamanoir

41

Mes jouets

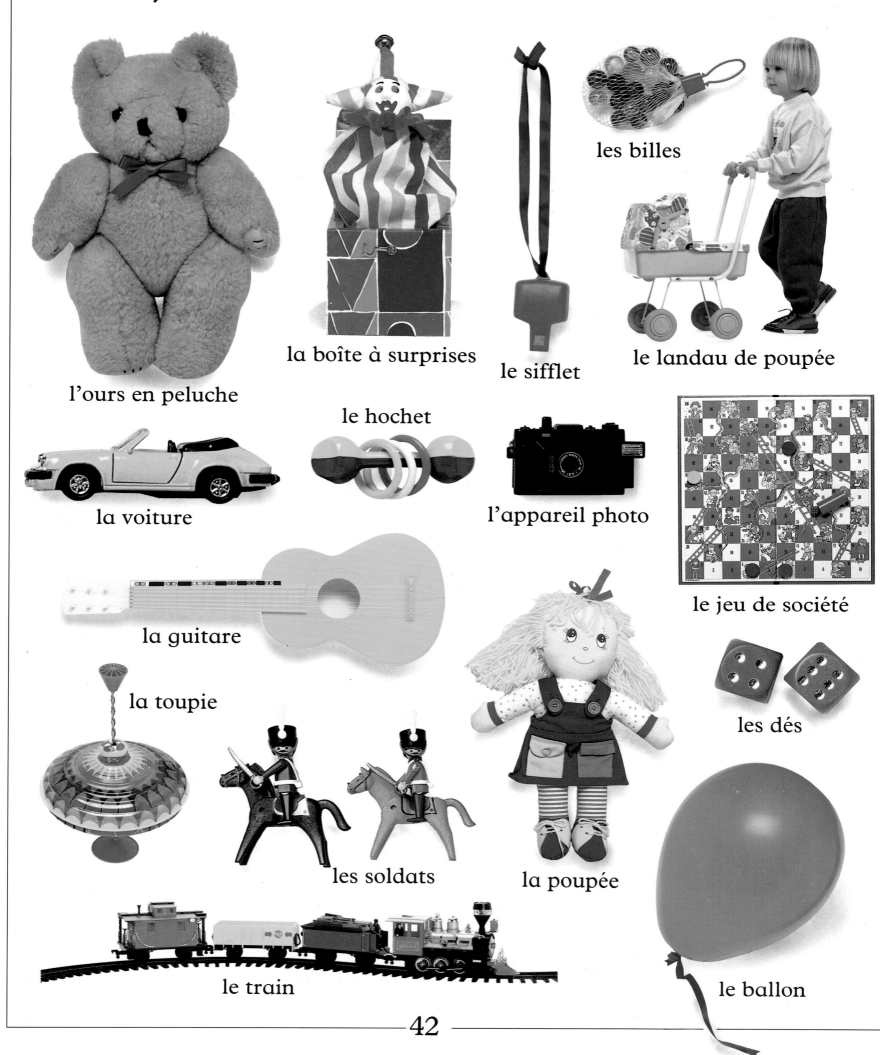

les billes

la boîte à surprises

le sifflet

le landau de poupée

l'ours en peluche

le hochet

la voiture

l'appareil photo

le jeu de société

la guitare

la toupie

les soldats

la poupée

les dés

le train

le ballon

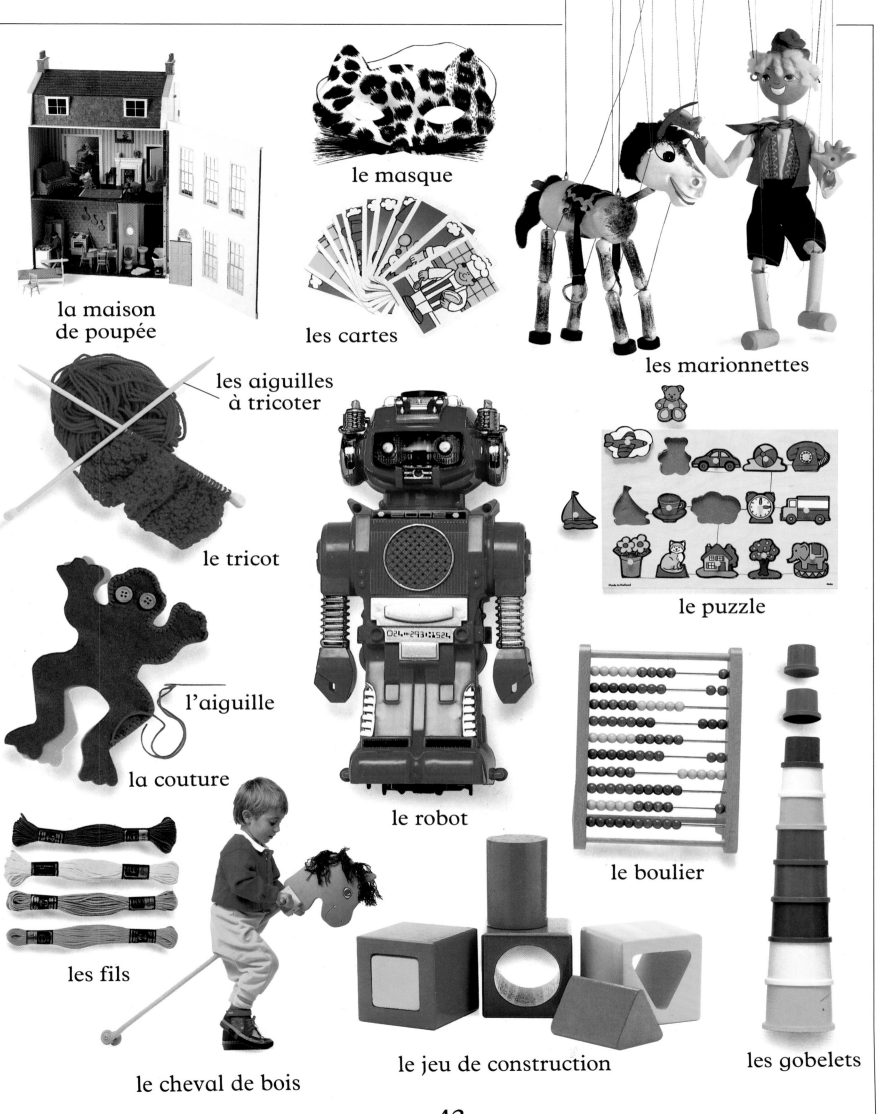

la maison
de poupée

le masque

les cartes

les marionnettes

les aiguilles
à tricoter

le tricot

l'aiguille

la couture

les fils

le robot

le cheval de bois

le jeu de construction

le puzzle

le boulier

les gobelets

À l'école

la cour de récréation

la pile

l'aimant

la pâte à modeler

le dinosaure

la carte du monde

le violon

la flûte à bec

l'archet

le livre de musique

le triangle

les cymbales

le piano

les ciseaux

le tambour

la peinture

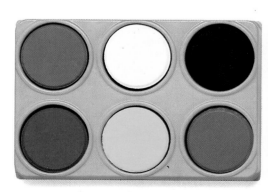
le pinceau

les lettres de l'alphabet

l'écriture

les livres

la craie

le tableau noir

la mappemonde

la colle

les chiffres

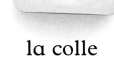
le crayon

la gomme

les feuilles

le dessin

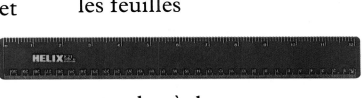
le calendrier

le chevalet

la peinture

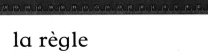
la règle

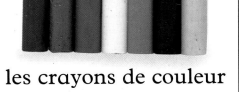
les crayons de couleur

À la mer

le drapeau

le château de sable

le moulin à vent

les vagues

le coquillage

les poissons

les algues

les galets

le sable

les rochers

la bouée

le port

la chaise longue

la falaise

la mer

la plage

l'étoile de mer

les flotteurs

les lunettes de soleil

le cornet de glace

le phare

le parasol

les mouettes

le crabe

le maillot de bain

l'anse

le chapeau

le ballon

la pelle

la voile

le seau

les fonds marins

le voilier

47

L'heure, le temps, et les saisons

L'heure

le jour

le petit déjeuner

l'heure de jouer

l'heure de se coucher

la nuit

le déjeuner

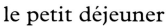
le dîner

Les jours de la semaine	
dimanche	jeudi
lundi	vendredi
mardi	samedi
mercredi	

Les mois de l'année		
janvier	mai	septembre
février	juin	octobre
mars	juillet	novembre
avril	août	décembre

Le temps

le soleil

le nuage

l'arc-en-ciel

les gouttes de pluie

la pluie

la flaque d'eau

le bonhomme de neige

le vent

la neige

Les saisons

le printemps

l'été

l'automne

l'hiver

Les sports

le casque

le football américain

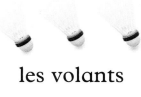

le patin à glace

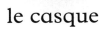

le patinage

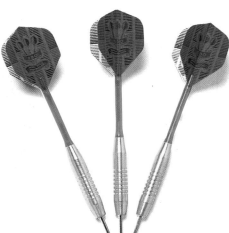

le ballon de football américain

les volants

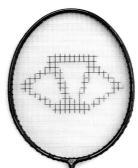

les gants de boxe

les fléchettes

skier

le ski

la raquette de badminton

l'épuisette

l'équitation

la canne à pêche

le basket-ball

le tennis

le filet

le ballon de football

la raquette de tennis

la raquette de tennis de table

le cyclisme

le football

le masque

la batte de cricket

la batte de base-ball

les quilles

la voile

le tuba

le base-ball

le club de golf

la crosse de hockey sur gazon

51

Quoi faire?

lire

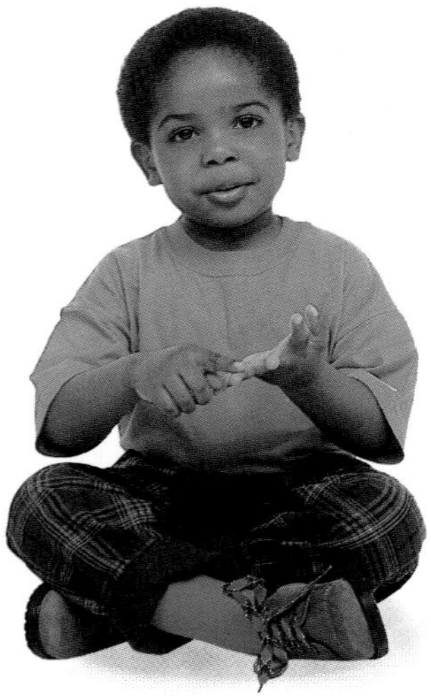

compter

manger

boire

prendre dans ses bras

serrer dans ses bras

pleurer

balayer

donner

prendre

pousser

tirer

regarder

murmurer

crier

écouter

parler

montrer

être debout

être assis

rire

sourire

embrasser

dormir

courir

marcher

porter

s'étendre

marcher à quatre pattes

La récréation

sauter
à la corde

donner un coup
de pied

taper

grimper

construire

s'amuser

danser

poursuivre

sautiller

tomber

sauter

souffler

lancer

attraper

se cacher

pédaler

54

Raconte-moi une histoire

le dragon

l'armure

le chevalier

les rennes

le traîneau

le père Noël

le chef indien

le pirate

la couronne

la cape

le dinosaure

le cow-boy

le monstre

le roi

la reine

la fée

l'épée

la baguette magique

le château

la sorcière

le géant

le prince

la princesse

le sorcier

le haricot magique

le balai

la citrouille

Couleurs, formes, et nombres

Les couleurs

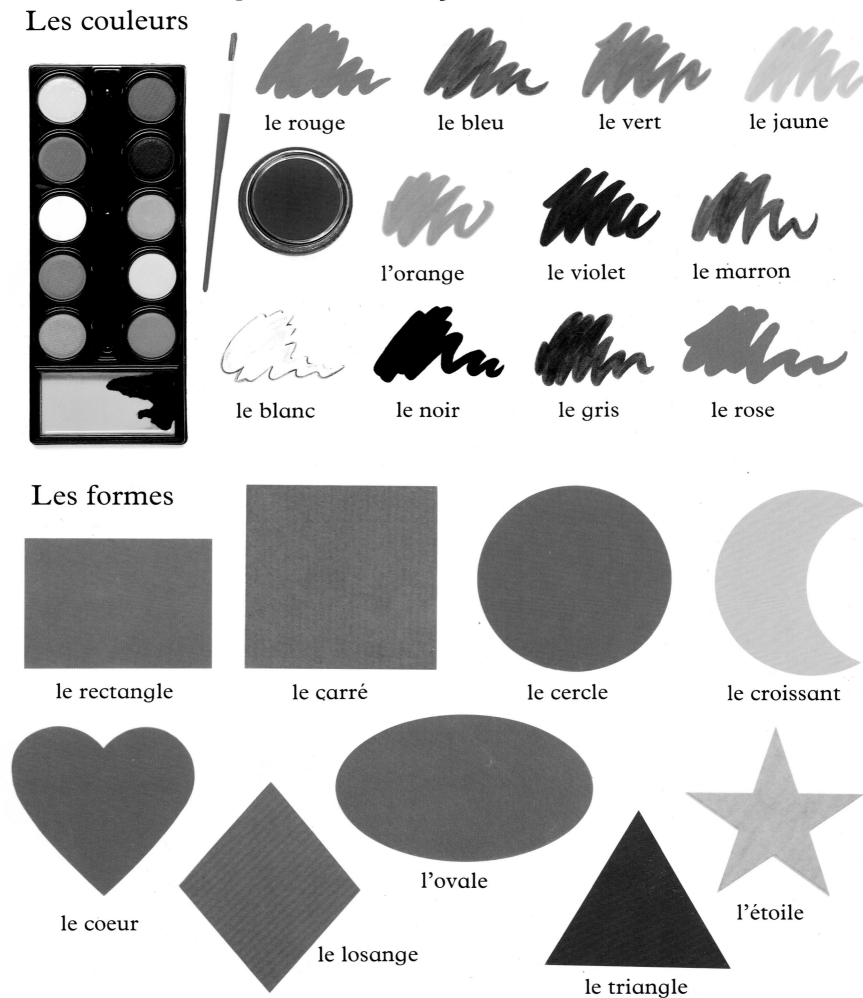

le rouge

le bleu

le vert

le jaune

l'orange

le violet

le marron

le blanc

le noir

le gris

le rose

Les formes

le rectangle

le carré

le cercle

le croissant

le coeur

le losange

l'ovale

le triangle

l'étoile

Les nombres

un	deux	trois	quatre	cinq	six	sept

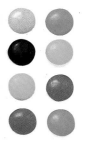   

huit	neuf	dix	onze	douze

treize	quatorze	quinze	seize

dix-sept	dix-huit	dix-neuf	vingt

Les positions

dedans

au-dessus

entre

au-dessous

sur

loin

près

à côté

derrière

devant

58

en haut

en bas

le plus haut

à l'intérieur

à l'extérieur

par-dessus

le plus bas

par-dessous

dernier

troisième

deuxième

premier

Quel est le contraire de?

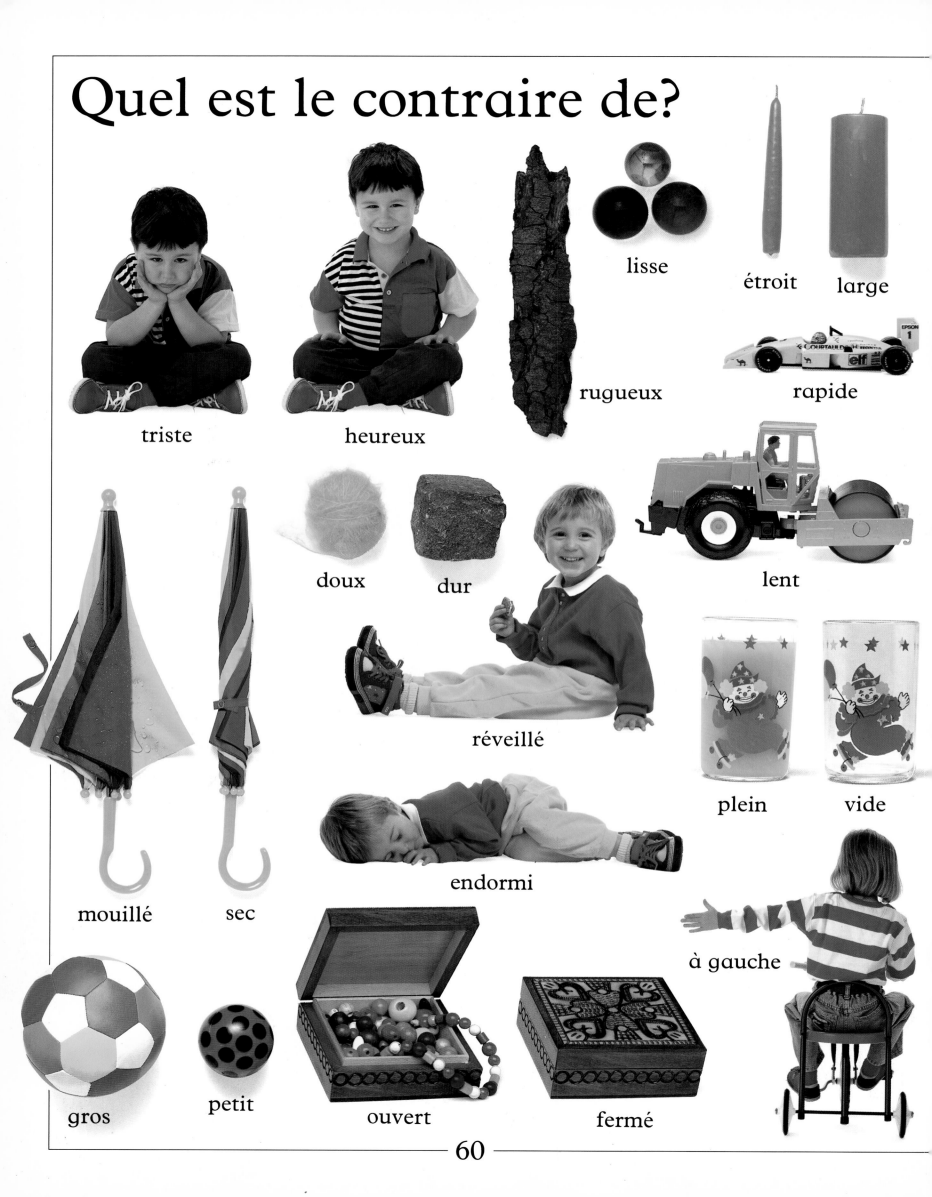

triste

heureux

lisse

rugueux

étroit large

rapide

doux dur

lent

réveillé

plein vide

mouillé sec

endormi

à gauche

gros petit ouvert fermé

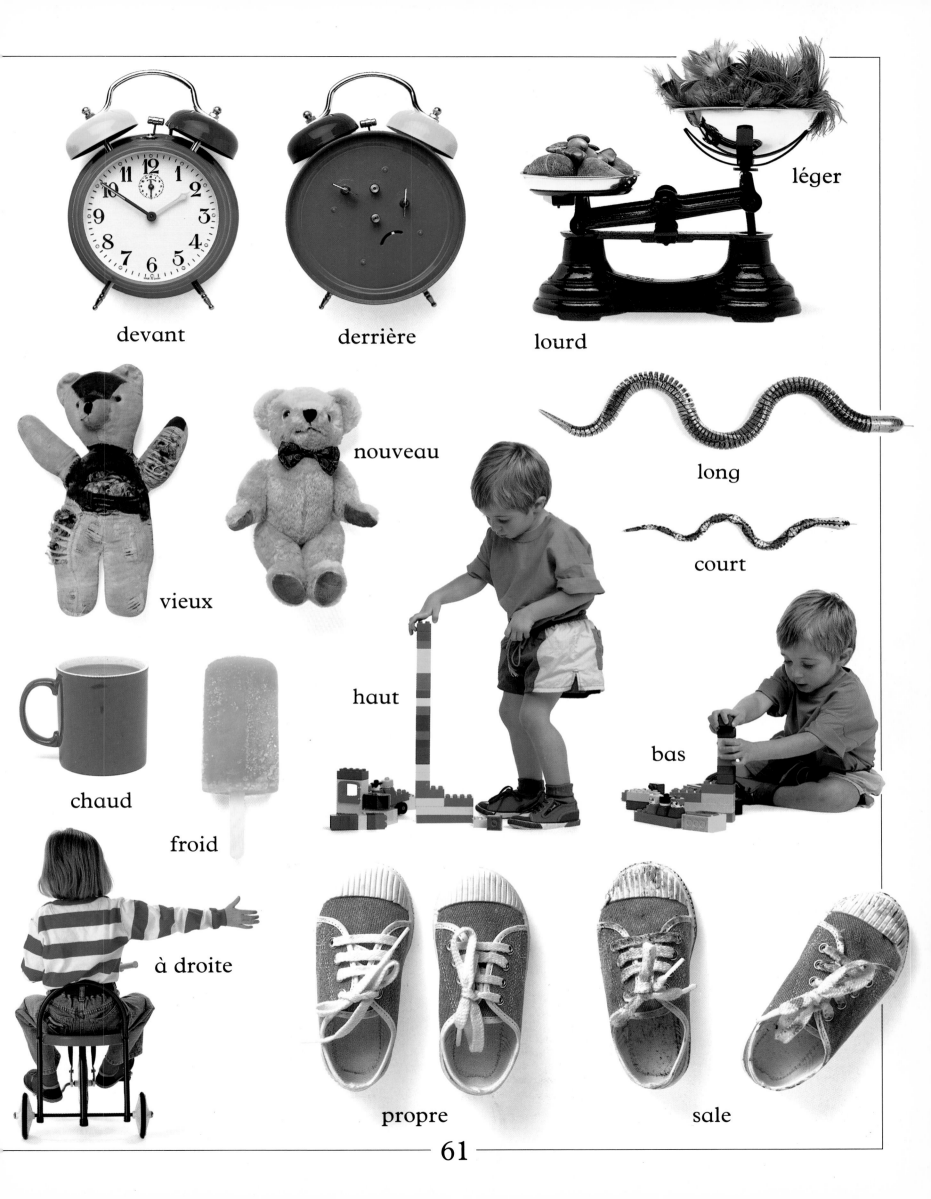

devant

derrière

léger

lourd

nouveau

vieux

long

court

haut

bas

chaud

froid

à droite

propre

sale

61

Index

Abeille, l' ...19
abreuvoir, l' ...36
à côté ...58
à droite ...60
aéroport, l' ...31
à gauche ...60
agneau, l' ...36
aiguille, l' ...43
aiguilles à tricoter, les ...43
aiguilles de pin, les ...34
aile, l' ...28, 39
aimant, l' ...44
à l'extérieur ...59
algues, les ...46
à l'intérieur ...59
allée, l' ...9
allumettes, les ...13
amandes, les ...14
ambulance, l' ...31
ampoule, l' ...11
amuser, s' ...53
ananas, l' ...26
anse, l' ...47
août ...48
appareil photo, l' ...42
appui de fenêtre, l' ...9
aquarium, l' ...38
arbre, l' ...34
arc-en-ciel, l' ...49
archet, l' ...44
argent, l' ...27
armure, l' ...55
arrosoir, l' ...19
aspirateur, l' ...10
asseoir, s' ...53
assiette, l' ...12
attraper ...54
au-dessous ...58
au-dessus ...58
automne, l' ...49
automobile, l' ...30
autruche, l' ...40
avion, l' ...31
avril ...48

Bac, le ...30
bac à fleurs, le ...9
bac à sable, le ...24
baguette magique, la ...55
baies, les ...34
baignoire, la ...8, 16
bain moussant, le ...17
balai, le ...12, 55
balance, la ...12
balançoire, la ...25
balayer ...52
balayette, la ...12
balcon, le ...8
ballon, le ...42, 47
ballon de football, le ...51
ballon de football américain, le ...50
banane, la ...15
banc, le ...24
bande, la ...11
barrette, la ...16
barrière, la ...36
bas ...61
bascule, la ...25

base-ball, le ...51
basket-ball, le ...51
basse-cour, la ...36
bateau, le ...30
batte de base-ball, la ...51
batte de cricket, la ...51
bec, le ...38
bêche, la ...19
benne, la ...23
berline, la ...28
beurre, le ...14
bibliothèque, la ...10, 22
bicyclette, la ...30
billes, les ...42
biscuits, les ...14
bison, le ...41
blaireau, le ...17
blanc, le ...56
bleu, le ...56
blouson de sport, le ...7
boire ...52
bois, le ...20
boîte à outils, la ...20
boîte à surprises, la ...42
boîtes de conserve, les ...27
bol de céréales, le ...13
bonbons, les ...26
bonhomme de neige, le ...49
bonnet, le ...6
bottes, les ...7
bottes de foin, les ...36
bouche, la ...4
bouchon, le ...17
boucle, la ...6
bouée, la ...46
bouilloire, la ...13
boules de coton, les ...16
boulier, le ...43
boulon, le ...21
bourgeons, les ...35
bouteilles, les ...27
bouteille Thermos, la ...25
boutons, les ...6
boutons d'or, les ...33
branche, la ...34
bras, le ...5
bras de grue, le ...23
break, le ...29
bretelles, les ...6
brindille, la ...35
briques, les ...23
brosse, la ...16
brosse à dents, la ...16
brosse à ongles, la ...17
brouette, la ...19
buisson, le ...8
bulbes, les ...18
bulldozer, le ...30
bulles, les ...17
burette, la ...21

Cabine téléphonique, la ...22
cacher, se ...54
café, le ...26
cage, la ...39
cage à écureuils, la ...25
caisse, la ...27
caisse enregistreuse, la ...27
caissière, la ...27

calendrier, le ...45
camion, le ...30
camion à benne, le ...31
camion de pompiers, le ...31
camionnette, la ...31
camping, le ...33
canapé, le ...8, 10
canard, le ...17
canari, le ...39
cane, la ...37
canetons, les ...37
canif, le ...20
canne à pêche, la ...50
cape, la ...55
capot, le ...28
car, le ...31
carapace, la ...38
caravane, la ...33
cardigan, le ...6
carotte, la ...15
carré, le ...56
cartes, les ...43
carte du monde, la ...44
carton, le ...27
cascade, la ...33
casque de football américain, le ...50
casquette, la ...7
casserole, la ...13
cassis, les ...26
ceinture, la ...6
ceinture de sécurité, la ...29
céléri, le ...27
cercle, le ...56
céréales, les ...26
cerf-volant, le ...24
cerises, les ...26
chaise, la ...11
chaise haute, la ...13
chaise longue, la ...46
chambre à coucher, la ...8
champ de blé, le ...36
champignons, les ...33
champignons vénéneux, les ...35
chantier de construction, le ...23
chapeau, le ...47
chapeau de paille, le ...6
chariot, le ...27
charrue, la ...37
chat, le ...9, 38
châtaignes, les ...35
château, le ...55
château de sable, le ...46
chatons, les ...39
chaud ...61
chaussettes, les ...6
chaussures, les ...6
chef indien, le ...55
cheminée, la ...9
cheminée d'usine, la ...23
chemise de nuit, la ...7
chemisette, la ...7
chenilles, les ...35
chèques, les ...27
cheval, le ...36
cheval de bois, le ...43
chevalet, le ...45
chevalier, le ...55

cheveux, les ...4
cheville, la ...5
chèvre, la ...36
chien, le ...37, 39
chiffres, les ...45
chimpanzé, le ...40
chiots, les ...38
chips, les ...15
chou, le ...27
cils, les ...4
cinéma, le ...22
cinq ...57
cintre, le ...7
ciseaux, le ...44
ciseau, le ...21
citron, le ...26
clés, les ...11
clé à molette, la ...20
clé de contact, la ...28
clé plate, la ...21
clignotant, le ...28
clôture, la ...36
clous, les ...20
clous de tapissier, les ...21
club de golf, le ...51
coccinelle, la ...18
cochon, le ...36
cochon d'Inde, le ...38
coeur, le ...56
coffre, le ...29
collant, le ...7
colle, la ...45
collier, le ...6, 39
collines, les ...32
commode, la ...11
comprimés, les ...11
compter ...52
compteur, le ...28
concombre, le ...27
cônes de signalisation, les ...23
construire ...54
contraires, les ...60
coq, le ...37
coquetier, le ...12
coquillage, le ...46
corbeille, la ...39
corde, la ...21
corde à sauter, la ...25
cornes, les ...40
cornet de glace, le ...47
corps, le ...5
coton-tige, le ...17
cou, le ...5
coude, le ...5
couleurs, les ...56
coupé, le ...29
cour de récréation, la ...44
courgettes, les ...27
courir ...53
couronne, la ...55
court ...61
coussin, le ...11
couteau, le ...12
couture, la ...43
couverture, la ...11
cow-boy, le ...55
crabe, le ...47
craie, la ...45
crapaud, le ...32

crayon, le ...45
crayons de couleur, les ...45
crier ...53
crinière, la ...39
crocodile, le ...40
croissant, le ...56
crosse de hockey sur gazon, la ...51
cuillère, la ...12
cuisine, la ...8
cuisinière, la ...8, 12
culotte, la ...6
cyclisme, le ...51
cygne, le ...25
cymbales, les ...44

Dans ...58
danser ...54
dauphin, le ...40
décapotable, la ...29
décembre ...48
dedans ...58
défense, la ...41
déjeuner, le ...48
deltaplane, le ...31
dents, les ...4
déodorant, le ...16
dernier ...59
derrière ...58, 61
dés, les ...42
dessin, le ...45
dessus-de-lit, le ...11
détergent, le ...26
deux ...57
deuxième ...59
devant ...58, 61
dimanche ...48
dîner, le ...48
dinosaure, le ...44, 55
dirigeable, le ...30
dix ...57
dix-huit ...57
dix-neuf ...57
dix-sept ...57
doigt, le ...4
donner ...52
donner un coup de pied ...54
dormir ...53
dos, le ...5
douche, la ...17
doux ...60
douze ...57
dragon, le ...55
drapeau, le ...46
dromadaire, le ...41
dur ...60

Eau, l' ...16
écailles, les ...40
échafaudage, l' ...23
écharpe, l' ...7
échelle, l' ...21
école, l' ...44
écorce, l' ...35
écouter ...53
écriture ...45
écrou, l' ...21
écureuil, l' ...34

écurie, l' ...37
égouttoir, l' ...13
éléphant, l' ...41
embrasser ...53
en bas ...59
endormi ...60
enfants, les ...24
en haut ...59
entre ...58
épaule, l' ...5
épée, l' ...55
éponges, les ...16
épuisette, l' ...50
équitation, l' ...50
escabeau, l' ...21
escalier, l' ...8
escargot, l' ...19
essuie-glace, les ...29
établi, l' ...20
étagère, l' ...20
été, l' ...49
étendre ...53
étoile, l' ...56
étoile de mer, l' ...46
être assis ...53
être debout ...53
étroit ...60
évier, l' ...13

Falaise, la ...46
farine, la ...26
fauteuil, le ...10
fée, la ...55
fenêtre, la ...9
fer à repasser, le ...13
fermé ...60
ferme, la ...36
fesses, les ...5
feu arrière, le ...29
feux de circulation, les ...23
feuilles, les ...35, 45
février ...48
ficelle, la ...18
fil de fer, le ...21
filet, le ...51
fille, la ...9
fils, le ...9
fils, les ...43
flaque d'eau, la ...49
fléchettes, les ...50
fleur, la ...18, 24
fleurs sauvages, les ...33
flotteurs, les ...47
flûte à bec, la ...44
fonds marins, les ...47
fontaine, la ...24
football, le ...51
football américain,
    le ...50
forêt, la ...35
formes, les ...56
fougères, les ...32
four, le ...12
fourchette, la ...12
fourmis, les ...19
fraises, les ...15
framboises, les ...26
frein à main, le ...29
frites, les ...14
froid ...61
fromages, les ...27
front, le ...4
fruits, les ...26
fusée, la ...31

Galets, les ...46
gant de cuisine, le ...12
gant de toilette, le ...17
gants, les ...7
gants de boxe, les ...50
gants de caoutchouc,
    les ...12
garage, le ...9
gâteau, le ...15
gazelle, la ...40
gazon, le ...19
géant, le ...55
genou, le ...5
germoir, le ...19
girafe, la ...40
glace, la ...15
glands, les ...34
gobelets, les ...43
gomme, la ...45
goûter, le ...25
gouttes de pluie, les ...49
gouttière, la ...8
graines, les ...19
grand bol, le ...13
grande tasse, la ...13
grand-mère, la ...9
grand-père, le ...9
grange, la ...37
gratte-ciel, le ...23
grenier, le ...8
grenouille, la ...17
griffes, les ...39
grimper ...54
gris, le ...56
gros ...60
grue, la ...23
guêpe, la ...18
guitare, la ...42

Habits, les ...6
haie, la ...9
hamburger, le ...14
hamsters, les ...38
hanche, la ...5
haricot magique, le ...55
haricots, les ...15
haricots verts, les ...27
haut ...61
hélicoptère, l' ...31
heure, l' ...48
heure de jouer, l' ...48
heure de se coucher, l' ...48
heureux ...60
hibou, le ...34
hippopotame, l' ...40
hiver, l' ...49
hochet, le ...42
huile, l' ...26
huit ...57

Ile, l' ...32
immeuble, l' ...22
imperméable, l' ...7

Jambe, la ...5
jambon, le ...15
janvier ...48
jaune, le ...56
jean, le ...6
jeep, la ...29
jeu de construction, le ...43
jeu de société, le ...42
jeudi ...48
jeune cygne, le ...25

jointure, la ...4
jonquilles, les ...19
joue, la ...4
jouets, les ...42
jour, le ...48
juillet ...48
juin ...28
jupe, la ...7
jupon, le ...7
jus d'orange, le ...14

Kangourou, le ...40
koala, le ...41

Lac, le ...32
laisse, la ...39
lait, le ...14
laitue, la ...27
lampadaire, le ...23
lampe, la ...11
lancer ...54
landau, le ...25
landau de poupée, le ...42
lapin, le ...32
large ...60
lavabo, le ...16
lave-auto, le ...29
lessive, la ...27
le plus bas ...59
le plus haut ...59
léger ...61
légumes, les ...27
lent ...60
léopard, le ...40
lessive, la ...27
lettres de l'alphabet,
    les ...45
levier de vitesse, le ...29
lèvre, la ...4
lézard, le ...41
libellule, la ...32
lierre, le ...35
lime, la ...20
limousine, la ...28
lion, le ...41
lire ...52
lisse ...60
lit, le ...8, 11
livre, le ...10, 45
livre de musique, le ...44
locomotive, la ...31
loin ...58
long ...61
losange, le ...56
lourd ...61
lundi ...48
lunettes de soleil, les ...47

Machine à coudre,
    la ...10
machine à laver, la ...13
mai ...48
maillot de bain, le ...47
maillot de corps, le ...6
main, la ...5
maïs, le ...14
maïs soufflé, le ...15
maison de poupée, la ...43
maîtresse, la ...45
manger ...52
manteau, le ...7
mappemonde, la ...45
maquillage, le ...17
marchand des quatre
    saisons, le ...23

marché, le ...22
marcher ...53
marcher à quatre pattes
    ...53
marches, les ...9
mardi ...48
mare, la ...37
marguerites, les ...33
marionnettes, les ...43
marron, le ...56
mars ...48
marteau, le ...20
masque, le ...43, 51
mauvaises herbes, les ...19
médicament, le ...11
menton, le ...4
mer, la ...46
mercredi ...48
mère, la ...9
mètre, le ...20
meules de foin, les ...36
miel, le ...14
miroir, le ...17
mixeur, le ...12
moissonneuse-batteuse,
    la ...37
monstre, le ...55
montagne, la ...32
montgolfière, la ...31
montre, la ...6
montrer ...53
moteur, le ...28
motocyclette, la ...30
mouchoirs en papier,
    les ...17
mouettes, les ...47
moufles, les ...7
mouillé ...60
moule à gâteau, le ...13
moules à biscuit, les ...13
moulin à vent, le ...46
mousse, la ...35
mousse à raser, la ...17
moustaches, les ...38
mouton, le ...36
mûres, les ...33
murmurer ...53

Nageoire, la ...40
narine, la ...4
neige, la ...49
nénuphars, les ...32
neuf ...57
nez, le ...4
nid d'oiseau, le ...34
niveau, le ...20
noir, le ...56
noisettes, les ...35
nombres, les ...57
nombril, le ...5
nouveau ...61
novembre ...48
nuage, le ...49
nuit, la ...48

Octobre ...48
oeil, l' ...4
oeuf dur, l' ...15
oeufs d'oiseau, les ...34
oie, l' ...36
oignon, l' ...27
oiseau, l' ...34
oisillons, les ...34

ongle, l' ...4
onze ...57
orange, l' ...26, 56
ordinateur, l' ...11
oreille, l' ...4
oreiller, l' ...11
orteil, l' ...5
os, l' ...39
ours, l' ...40
ours en peluche, l' ...42
ours polaire, l' ...41
outils de jardin, les ...18
ouvert ...60
ovale, l' ...56

Paillasson, le ...10
pain, le ...15
pain grillé, le ...15
panda, le ...41
panier à pique-nique,
    le ...24
panier à provisions, le ...26
pansements, les ...11
pantalon, le ...6
pantoufles, les ...6
paon, le ...40
papier de verre, le ...21
papier hygiénique, le ...26
papier peint, le ...8
papillon, le ...19
papillon de nuit, le ...35
par-dessous ...59
par-dessus ...59
parachutes, les ...30
parapluie, le ...7
parasol, le ...47
parcmètre, le ...23
pare-brise, le ...29
pare-chocs, le ...28
parfum, le ...16
parler ...53
passoire, la ...12, 13
pâte à modeler, la ...44
pâte dentifrice, la ...16
patinage, le ...50
patin à glace, le ...50
patins à roulettes, les ...24
patte, la ...39
paume, la ...4
pêches, les ...26
pédaler ...54
peigne, le ...16
peindre ...45
peinture, la ...44
pélican, le ...40
pelle, la ...12, 47
pelleteuse, la ...30
pelouse, la ...18
pensées, les ...18
perceuse, la ...20
perchoir, le ...39
père, le ...9
père Noël, le ...55
perroquets, les ...38
perruche, la ...39
pétale, le ...18
petit ...60
petit déjeuner, le ...48
petite auto, la ...42
petits clous, les ...21
petits pois, les ...14
phare, le ...29, 47
piano, le ...44
pichet, le ...12

pied, le ...5
pigeons, les ...25
pile, la ...44
pinceau, le ...44
pinces, les ...20
pingouin, le ...41
pique-nique, le ...24
pirate, le ...55
piscine, la ...22
pissenlit, le ...33
pivert, le ...35
pizza, la ...14
placard, le ...11, 13
plafond, le ...8
plage, la ...46
planche, la ...21
planche à repasser, la ...13
planche à roulettes, la ...25
plancher, le ...8
planeur, le ...31
plante, la ...19
plante en fleur, la ...34
plante en pot, la ...19
plaque d'immatriculation,
   la ...29
plein ...60
pleurer ...52
pluie, la ...49
plumes, les ...38
pneu, le ...28
poêle, la ...12
poignet, le ...4
poil, le ...39
poires, les ...14
poisson, le ...26, 46
poissons rouges, les ...38
poitrine, la ...5
poivron vert, le ...27
pommes, les ...14
pommes de pin, les ...34
pommes de terre, les ...27
pompe à essence, la ...22
poney, le ...39
pont, le ...32
porcelets, les ...36
porche, le ...9
porcherie, la ...36
port, le ...46
porte, la ...9
porte-monnaie, le ...27
porter ...53
portière, la ...28
poste, la ...23
pot, le ...16
pot de confiture, le ...26
pot de crème, le ...17
pots à fleurs, les ...18
poubelle, la ...13
pouce, le ...4
poulailler, le ...37
poule, la ...37
poupée, la ...42
poursuivre ...54
pousser ...52
poussette, la ...24
poussin, le ...37
pré, le ...36
premier ...59
prendre ...52
prendre dans ses bras ...52
près ...58
prince, le ...55
princesse, la ...55
printemps, le ...49

propre ...61
prunes, les ...34
pull, le ...7
puzzle, le ...43
pyjama, le ...6

Quatorze ...57
quatre ...57
queue, la ...38
quilles, les ...51
quinze ...57

Rabot, le ...20
racines, les ...35
radiateur, le ...10
radio, la ...10
raisins, les ...26
raisins secs, les ...15
rampe d'escalier, la ...8
rapide ...60
raquette de badminton,
   la ...50
raquette de tennis, la ...51
raquette de tennis de table,
   la...51
rasoir, le ...17
râteau, le ...19
rebord de fenêtre, le ...9
récréation, la ...54
rectangle, le ...56
réfrigérateur, le ...12
regarder ...52
règle, la ...45
reine, la ...55
remorque, la ...36
renard, le ...33
rennes, les ...55
requin, le ...40
réservoir à essence, le ...28
restaurant, le ...22
réveil, le ...11
réveillé ...60
rhinocéros, le ...41
rideaux, les ...10
rire ...53
rivière, la ...32
riz, le ...15
robe, la ...7
robe de chambre, la ...7
robinet, le ...16
robot, le ...43
rochers, les ...46
roi, le ...55
rond-point, le ...23
rose, la ...18
rose, le ...56
roue, la ...28
rouge, le ...56
rouge à lèvres, le ...17
rouleau à pâtisserie,
   le ...12
route, la ...23, 33
rubans, les ...16
rugueux ...60
ruisseau, le ...32

Sable, le ...46
sabot, le ...39
sac en papier, le ...27
saisons, les ...49
salade, la ...14
salade de fruit, la ...15
sale ...61
salle de bain, la ...8

salle de séjour, la ...8
salopette, la ...6
samedi ...48
sandales, les ...6
sandwich, le ...14
saucisses, les ...14
sauter ...54
sauter à la corde ...54
sautiller ...54
savon, le ...17
scarabée, le ...35
scie, la ...21
scie à métaux, la ...20
sciure, la ...21
scone aux raisins, la ...15
seau, le ...47
sec ...60
sécateur, le ...18
séchoir à cheveux, le ...10
seize ...57
semis, les ...19
sept ...57
septembre ...48
serpent, le ...41
serre, la ...19
serre-tête, le ...16
serrer dans ses bras ...52
serrure, la ...28
serviette, la ...16
serviette de table, la ...12
set de table, le ...12
shampooing, le ...16
short, le ...6
sifflet, le ...42
six ...57
ski, le ...50
slip, le ...6
soldats, les ...4
soleil, le ...49
sorcier, le ...55
sorcière, la ...55
soucoupe, la ...13
souffler ...54
sourcil, le ...4
sourire ...53
souris, la ...39
sous-marin, le ...30
sous-sol, le ...8
spaghetti, les ...15
stade, le ...23
station-service, la ...22
statue, la ...24
sucre, le ...14
supermarché, le ...26
sur ...58
survêtement, le ...7

Table, la ...11
tableau, le ...10
tableau de bord, le ...28
tableau noir, le ...45
tablette de chocolat,
   la ...27
tablier, le ...12
tabouret, le ...10
talc, le ...16
talon, le ...5
tamanoir, le ...41
tambour, le ...44
taper ...54
tapis, le ...8
tapis de bain, le ...16
tartelettes, les ...14
tasse, la ...13

tasse à thé, la ...13
taureau, le ...37
taxi, le ...30
tee-shirt, le ...6
téléphone, le ...10
télévision, la ...11
temps, le ...49
tennis, le ...51
tennis, les ...6
tente, la ...33
terre, la ...18
têtards, les ...38
tête, la ...5
théâtre, le ...22
théière, la ...13
thermomètre, le ...11
tige, la ...18
tigre, le ...40
tirer ...52
toboggan, le ...25
toilettes, les ...17
toit, le ...8, 29
tomates, les ...14
tomber ...54
tondeuse, la ...18
tortue, la ...38
toupie, la ...42
tourne-disque, le ...10
tournesol, le ...18
tournevis, le ...21
tourniquet, le ...24
tracteur, le ...36
train, le ...31, 42
traîneau, le ...55
treize ...57
triangle, le ...44, 56
tricot, le ...43
tricycle, le ...24
triste ...60
trois ...57
troisième ...59
trompe, la ...41
tronc, le ...34
trousse de maquillage,
   la ...16
tuba, le ...51
tulipes, les ...19
tuteurs, les ...18
tuyau d'arrosage, le ...19
tuyau d'écoulement, le ...8

Un ...57
usine, l' ...23

Vache, la ...37
vadrouille, la ...13
vagues, les ...46
vallée, la ...32
veau, le ...37
vélomoteur, le ...30
vendeur de glace, le ...25
vendredi ...48
vent, le ...49
ventre, le ...5
verger, le ...32
verre, le ...13
vers de terre, les ...19
vert, le ...56
veste, la ...6
viande, la ...26
vide ...60
vieux ...61
village, le ...32
vingt ...57

violet, le ...56
violon, le ...44
vis, les ...21
visage, le ...5
voie ferrée, la ...30
voile, la ...47, 51
voilier, le ...47
voiture, la ...42
voiture de collection,
   la ...29
voiture de course, la ...31
voiture de police, la ...31
voiture de sport, la ...28
voiture des quatre saisons,
   la ...22
voiture familiale, la ...29
volant, le ...28
volants, les ...50
volet, le ...8

Wagons, les ...30

Yaourt, le ...15

Zèbre, le ...41
zoo, le ...40

Additional Design
David Gillingwater,
Mandy Earey
Additional Photography
Jo Foord, Steve Gorton,
Paul Bricknell, Philip
Dowell, Michael Dunning,
Stephen Oliver, Steve
Shott, Jerry Young

Dorling Kindersley would
like to thank Helen Drew
and Brian Griver for their
help in producing this
book.